한국인의 부모와
고령자에 대한 존경

—— 전통과 변화 ——

한국인의 부모와
고령자에 대한 존경

―― 전통과 변화 ――

성규탁

The Korean Way of Respecting Parents and The Elderly

Tradition and Changes

Kyu-taik Sung

부모님을 포함한 고령자를 존경함은 한국인을 포함한 동아시아 사람들이 오랜 세월에 걸쳐 중요하다, 올바르다고 믿어 온 문화적 가치입니다.

여러 종교의 가르침과 인륜 도덕에 관한 문헌은 이 가치를 사람이 행할 가장 중요한 덕목으로 가르쳤고, 경험적 조사자료에서도 이 가치가 으뜸가는 효행으로 드러났습니다.

새 시대에 이 가치를 발현하는 방식이 수정되고 있지만, 이 책이 제시하는 바와 같이 이 가치가 성인 자녀 사이에 여전히 중요시되며 발현되고 있습니다.

저자이신 성규탁 박사님은 다년간 한국인의 효의 중심적 표현인 부모존경의 실상을 경험적 자료를 기틀로 사회과학적으로 분석, 해석하여 다수의 국내외 학술지에 발표하셨습니다. 이 부문에서 세계 최초의 개척적인 업적을 내셨습니다.

성 박사님은 이 책에서 부모를 포함한 고령자에 대한 존경과 관련된 전통적 가치, 존경이 싹트는 부모·자녀 관계, 부모·고령자가 간직한 존엄성, 존엄을 높이는 사회적 노력에 관하여 문헌 섭렵과 경험적 자료를 기틀로 분석하여 존경의 전통적 가치가 변함없이 지속하는 가운데 이 가치를 표현하는 방식이 수정, 변화되고 있음을 알려주셨습니다.

앞으로 노소 세대 관계가 서로 존중하며 돌보는 호혜적 관계로 발전되어나가야 할 과제를 제시하고 계십니다.

이 책은 부모님을 모시는 성인 자녀, 고령자 복지사업에 종사하는 돌봄 요원, 그리고 우리의 가족 관계와 사회관계에 관심 있는 교양인이 참고할 수 있는 도덕적 및 실천적 방법을 알려주고 있습니다.

김제엽

연세대 언더우드 특훈교수 역임

연세대 사회과학대학장 역임

연세대 사회복지대학원장 역임

동아시아 여러 나라에서 오랜 세월 동안 실천되어온 효는 문화적 가치이다. 이 가치는 한국, 중국, 일본 등 나라 사람들이 중요하다, 바람직하다, 올바르다고 믿는 보편화한 믿음이다. 이러한 가치가 부모와 고령자에 대한 존경을 싹 틔우고 실행토록 이끄는 지렛대 역할을 한다.

효의 중심은 부모에 대한 존경이다. 존경은 더욱이 부모가 포함되는 고령자에 대한 돌봄에 영향을 미친다는 중요한 사실이 실증적 자료와 고금 문헌에 밝혀져 있다.

하지만 우리는 존경을 새 시대의 변동하는 생활양식에 적응해서 실천하는 발전적 시각과 방법을 창안, 개발할 과제를 안고 있다.

우리는 전통적 부모·고령자 존경의 이념과 관행을 유지하려는 노력과 이를 억제하려는 움직임이 동시에 진행되는 전환기적 소용돌이 속에서 살고 있다. 이러한 대조적인 움직임은 연령을 달리하는 세대 간에 존재하는 가치관의 차이에서 오는 것으로 보인다.

인류사회에서 세대가 바뀜에 따라 신세대는 생리적으로나 사회적으로 변화를 가져온다. 신세대 사람들은 전통적인 문화적 환경의 영향을 받지만 새로운 사회환경에서 자라나면서 다른 시각과 가치를 가지며 기존사회의 질서를 배척하는 성향이 형성되는 경향이 있다.

한편 부모와 자녀, 즉 구세대와 신세대 간에는 유전학적 및 사회학적인 유사성이 있다. 따라서 세대가 달라지고 사회환경이 변하지만, 구세대의 전통 또는 타성은 지속한다. 구세대는 전통을 고수하며 안정된 사회질서를 유지하려는 집단적이나 사회적 노력을 한다. 그러므로 부모·고령자 존경에서도 세대 간 관계를 중심으로 사회질서의 지속과 변화를 연계해서 생각할 필요가 있다.

우리가 전통적으로 믿고 실행해온 부모·고령자 존경에 관한 가르침은 어떠한 것이고, 오늘날의 부모·고령자 존경은 어떻게 실천되고 있으며, 이를 실천하는 성인 자녀는 가족과 사회와 어떠한 관계를 유지하는가, 앞으로 어떠한 방향으로 변해 나갈 것인가 등의 질문을 제기하게 된다.

우리는 오랜 세월 동안 효를 실천해 왔으나 효의 중심적 차원인 존경은 구전(口傳)되어 와서 구체적이지 못한 해석을 하는 데 그치고 있다. 이 가치를 실천하고 연구하는 데 도움이 될 지침과 방법을 갖추지 못해 왔다. 노년학계는 물론 사회문화부문에서도 새로운 사회환경에서 실행되는 부모존경을 경험적 자료를 바탕으로 체계적으로 연구한 사례가 희소하다.

저자는 역동적으로 변하는 시대적 상황에서 부모존경에 대한 진지한 재검토가 필요하다고 믿고 위에 제시한 질문에 대해서 사회학적 조사방법으로 질적 및 양적 자료를 수집하여 우리의 문화적 맥락에서 분석, 해석, 조명하는 기회를 얻었다.

이렇게 이룬 일련의 조사의 결과를 국내외 노년학계와 사회복지학계에서 발표하여 한국문화의 일단을 소개하는 한편 연구방법에 대한 논평을 받아 이를 참고해 왔다. 이 책에 실린 글은 거의 모두가 국내는 물론 국외 학술지에 발표된 것이다.

이 책의 주요 내용은 부모를 포함한 고령자에 대한 돌봄이

곁들은 존경과 관련된 전통적 가치, 효가 싹트는 부모·자녀 관계, 존경을 기틀로 한 존엄성의 고양, 성인·자녀의 존경 실행상황, 존엄을 높이는 사회적 노력에 관하여 문헌 섭렵과 경험적 자료를 기틀로 객관적 분석, 해설 및 논의를 한 것이다.

존경의 전통적 가치가 변함없이 지속하는 가운데 이 가치를 표현하는 방식이 수정, 변화되고 있음을 발견했다.

조사를 진행하는 과정에서 조사방법의 개발과 자료의 수집 및 분석을 위해 국내외 동료 학자들과 제자들로부터 많은 조언과 지원을 받았다. 모두에게 깊은 사의를 표한다.

2022년 성규탁

시대적 변화는 전통적인 가족과 부모 간의 관계를 무너뜨리는 사회현상을 조성하고 있다. 핵가족으로의 변화, 성인 자녀와 노부모의 별거, 출산율의 저하, 노부모·고령자 부양 부담의 증가 등 변동은 세대 간 관계를 바꾸고 있다.

이러한 사회적 맥락에서 노부모가 손자녀를 포함한 가족원들과 접촉하며 친함과 정을 나누는 빈도가 낮아지고, 친족과 사회로부터 소외되고, 경제적으로 어려워지며, 돌봄을 받기가 쉽지 않은 등 어려움에 부딪히고 있다.

이러한 어려움과 더불어 생명이 연장되고, 고령 인구가 증가하고, 고령자의 의료 및 사회복지 서비스 욕구가 증대함에 따라 노약한 부모와 고령자를 존중하며 돌보는 일은 자녀, 가족, 사회 및 국가에 점차 커다란 부담이 되고 있다.

이렇듯 부양 부담이 가중되고 가족과 사회의 지원이 감소할 경우, 노부모와 고령자를 학대하거나 비인간적으로 대하지 않을 것이라고 장담하기란 쉬운 일이 아니다.

따라서 부모존경 및 부양을 윤리적 시각에서 재음미하여 부모·자녀 관계의 도덕성을 재정립할 필요가 커지고 있다. 이러한 심각한 과제를 다루는 데 등장하는 첫째 과제가 부모를 포함한 고령자에 대한 존경이다.

존경함은 존엄성을 받들어 드리는 것이다. 이 책에서 다루어질 주요 과제는 바로 부모와 고령자에 대한 이 고귀한 가치, 존경과 존엄을 받드는 데 관한 것이다.

이 책에서 논의되는 연구주제들에 대해서 약술하면 다음과 같다.

구체적으로 한국인이 발현하는 부모를 포함한 고령자에 대한 존경은 어떠한 내용인가, 존경은 어떤 방식으로 실천되고 있는가, 존경의 실천장인 가족은 주변의 변동에 어떻게 적응하고 있는가, 존경방식은 어떤 방향으로 변하고 있는가, 존경은 돌봄·보살핌과 어떠한 관계가 있는가, 이분들을 돌보는 데 존경과 존엄을 어떠한 방법으로 받들 수 있는가 등 과제를 구명해 나가려는 것이다.

이러한 과제는 부모를 부양하는 성인 자녀뿐만 아니라 고령자에게 돌봄서비스를 제공하는 요원들, 그리고 우리 사회 전체가 가져야 할 공통적 관심사가 아닐 수 없다.

먼저 효에 관한 전통 문헌을 섭렵하고서는, 모범적으로 효를 행해서 효행상을 받은 사람들이 부모를 존경하는 실상을 조사하고, 이어 일반인이 부모를 존경하는 실상을 조사하였다. 이 경험적 사회조사를 통해 구체적 존경방식을 가려내었다. 그리고는 젊은 사람들 사이에 이 방식이 변해가는 상황을 살펴보았다.

오늘날 지식인 사이에 전통적 가치의 밝은 면(明)과 어두운 면(暗)에 대한 비판적 소리가 나오고 있다. 이러한 소리를 명심하고 새 시대에 부모·고령자 존경의 가치가 발현되는 현상의 바람직한 차원을 밝히고 바람직하지 못한 차원이 수정되는 현상을 탐사하였다.

아울러 고령자에게 돌봄서비스를 제공하는 데 있어 존엄을 훼손하는 경우를 가려보았다. 특히 고령자에 대한 부정적 시각과 편견, 소위 stereotype 시(視) 하는 문제에 관해서이다.

이 책에서는 노인(老人)이라는 낱말을 사용하지 않고 대신 고령자(高齡者)를 적용한다. 노인은 나이 많은 분들을 비하(卑下)하는 부정적인 뜻이 담겨있어 국가정책이나 법규와 관련된 공적 사항을 제외하고는 적용하지 않기로 했다. 고령자는 중립적인 용어라고 본다. 권위 있는 세계노년학·노인의학학회(IAGG)는 중립적인 용어 the elderly(고령자)와 senior(어르신)를 가장 널리 선용하고 있다.

목차

인사말 · 6
책을 내면서 · 8
머리말 · 12

제1장   시대적 과제:

       부모와 고령자에 대한 존경 _ 19

제2장   부모 · 고령자 존경: 문화적 속성 _ 25

제3장   존경: 효의 중심적 표현 _ 33

제4장   존경: 가족 관계에서 싹틈 _ 39

제5장   존경: 돌봄을 내포 _ 47

제6장   존경: 존엄성을 높임 _ 53

제7장   현대인의 부모존경: 실태조사 _ 63

제8장 존엄을 높이는 사회적 노력 _ 85

제9장 한국인의 문화적 성향과
       고령자 돌봄 _ 93

맺는말 · 103

시대적 과제:
부모와 고령자에 대한 존경

부모·고령자에 대한 존경은 효의 가르침에서 가장 강조되고 있는 가치이다.

오늘날 이러한 존경은 도의적 및 실천적 관점에서 우리 사회의 중요한 과제로 등장하였다.

우리는 이 나라를 이끌고 나갈 젊은 세대를 위한 사회적 투자를 아낌없이 해야 한다. 부모와 사회는 이들의 복리를 위한 음식, 주거, 의복, 건강, 교육, 지지에 대한 투자를 소홀히 할 수 없다.

동시에 이들이 고령자를 존경하며 돌보는 전통적 관행을 지속토록 해야 하겠다.

우리는 효 이념을 순봉하며 부모와 고령자를 존경하는 전통을 여러 세대에 걸쳐 이어 온 민족으로서(류승국, 1995; 송복, 1999; 지교훈, 1989) 하나의 동질적인 공동체를 이루고 있다.

한국이 속하는 동아시아 문화권의 나라들-중국, 일본, 대만, 싱가포르 등은 부모·고령자를 존경하는 공통적인 전통을 간직하고 있다.

하지만 산업화와 도시화에 연달아 일어난 가족 안팎의 변동으로 말미암아 부모·고령자를 존경하는 전통적 관습과 규범이 흔들리는 징조가 보이기 시작했다.

가족이 적어져 부모와 고령자를 부양할 사람이 감소하고, 부모와 떨어져 사는 자녀가 늘어나 부양이 어려워지고, 부모와 손자녀 간의 친한 교류가 감소하고, 젊은 사람들 사이에 개인 중심적인 생활 태도가 늘어남에 따라 전통적 경로(敬老)의 가치가 경시되고, 세대 간 상부상조의 관행이 줄어드는 등의 변화는 부모와 고령자를 존경하는 전통적 가치를 약화하는 추세를 드러내고 있다.

유감스럽게도 고령자를 푸대접하는 불경스러운 사례들이 늘고 있다. 이런 일은 서양 사회에서만 있는 일로 생각했는데 우리 눈앞에서 발생하고 있다. 최근 연구보고에 의하면 일부 청소년 사이에 고령자에게 불경스러운 행위를 하는 사건이 늘어나고 있다. 즉 고통과 어려움을 겪고 있는 고령자를 무시하고, 학대, 남용하고, 배제, 차별하는 사례가 늘어나고 있는 것이다 (권중돈, 2022; 김미혜 & 권금주, 2008; 보건복지부, 2007; 한동희, 2002; Pillemer & Finkelhor, 1988; Levy, 1999).

그러나 다행히도 한국에는 가족제도의 전통적인 속성이 많이 남아 있다(최재석, 2009: 신용하, 2004; 도성달, 2013).

다만 기왕의 권위와 복종을 근간으로 하던 위계적 가족제도는 약화하고 민주적이며 호혜적인 세대 관계가 이루어지는 경향이 짙어지고 있다(최재석, 2009; 한경혜 외, 2014; 성규탁, 2021).

이런 시대적 맥락에서 한국인은 변화에 적응하면서 가족 기능을 보완하거나 대처하는 대안을 찾아가고 있다(한국가족문화원, 2005).

부모·고령자 존경과 관련된 문제도 전통의 지속과 변화에 대한 적응을 머리에 두고 연구, 논의해 나가야 할 것으로 본다.

다수 고령자는 물질적 도움에 앞서 존경해 달라고 호소하고 있다(권중돈, 2021; 성규탁, 2021). 고령자 존경 전통의 지속을 소원하고 있다. 연구보고에 의하면 고령자의 생에 대한 만족을 결정하는 주요인의 하나가 존경을 받는 것이다(Downie & Telfer, 1967; Ghusn, Hyde, Stevens, & Teasdale, 1996).

존경받는 고령자는 자기존중도가 높아지고 부양자 또는 치료자와 협조적 관계를 맺게 되며 치료와 돌봄서비스를 더 효과적으로 받아들이는 바람직한 변화를 가져온다(Gambrill & Gibbs, 2017; Sung & Dunkle, 2009).

부모·고령자 존경은 날이 갈수록 중요성이 더해지고 있다. 사실 이 과제는 몇 년 전만 해도 우리 사회에서 문제가 되지 않았었다. 고령자 존경을 당연시하고 있었던 것이다.

새 시대의 과제가 된 부모·고령자 존경은 구전(口傳)되어 와서 이에 대한 경험적 사회조사 자료가 희소하다. 전통적 가치로서의 부모·고령자 존경을 현대사회에서 어떠한 방식으로 실천하고 있는가에 대한 체계적 분석이 이루어지지 못하고 있다.

이 책에서 이런 과제에 대한 분석을 탐험적으로 시도하여 산출한 경험적 자료를 제시하고자 한다.

제2장

부모와 고령자 존경:
문화적 속성

1. 동아시아 나라들의 공통점

앞서 지적한 바와 같이 한국이 속하는 동아시아 문화권의 중국, 일본, 대만, 싱가포르 등 나라들은 부모·고령자를 존경하는 공통적 전통을 간직하고 있다.

노년학의 석학 G. Streib(1987)는 문화적 맥락에서 중국인과 미국인 사이에 고령자를 대하는 관습에 차이가 있음을 지적하였다. 그는 중국에서는 젊은 사람들이 고령자에 대한 존경을 자동으로 표현하며 미국인보다도 고령자를 더 잘 대우한다고 했다. 일본에서 태어나 그 나라 문화 속에서 생활한 노년학의 석학 E. Palmore(1989)는 일본에서는 고령자 존경의 가치가 사회구조 속 깊이 스며들어 있다고 했다. 특히 부모와 자녀, 선생과 제자, 선배와 후배 간 관계 그리고 조상숭배에서 그러하다고 했다.

이러한 연구보고는 한국 문화적 맥락에도 적용된다고 본다.

한국에서도 일본과 중국의 경우와 같이 어린이 때부터 부모, 선생, 고령의 어른을 예의 바르게 정중히 대하도록 사회화되고 있다(성규탁, 2011; Sung & Kim, 2009).

이러한 사실은 동아시아 3국(한국, 중국, 일본)이 가지는 공통적인 문화적 속성을 반영한다고 볼 수 있다(조지현, 오세균, 양철호, 2012; 성규탁, 2011; Sung & Hagiwara, 2009; Sung & Yan, 2007; Chow, 1995; Elliott & Campbell, 1993).

근년에 고령자 존경과 관련된 전통적 가치를 높이기 위해 한국을 비롯한 일본, 중국, 대만, 싱가포르 등 동남아의 중국인 사회에서 정부와 민간이 합동하여 여러 가지 경로 사업을 하고 있다. 고령자 존경을 위한 사회운동, 노인복지법과 부모부양책임법의 제정, 고령자를 위한 각종 사회서비스와 보건의료서비스 제공, 노인의 날과 노인존경 주간의 실시, 노인휴식센터(경로당 등) 운영, 효행상 시상 등은 그 예이다.

모범적으로 효도한 사람들에 대해서는 텔레비전, 신문, 잡지 등 매스컴과 교육·문화·예술 기관을 통해 뉴스, 기록 보도, 드라마, 문학작품, 발표회 등으로 보도되고 있다.

이러한 활동은 전통적인 고령자 존경을 재강조하려는 국가와 사회의 의식적이며 행동적인 노력을 반영하고 있다.

2. 한국 문화적 전통

우리의 조상은 인간을 존중하는 사상을 후손에게 남겨 주었다. 우리가 이어받은 이 사상적 전통은 고유한 민족적 특성으로서 오늘의 부모·고령자의 안녕과 복지를 위한 기본 가치를 이루고 있다.

홍익인간(弘益人間) 사상, 불교의 자비(慈悲), 유교의 인(仁), 기독교의 박애(博愛) 및 천도교의 사인여천(事人如天)은 모두가 사람을 넓고 깊이 공평하게 사랑하고 존중하며 대가 없이 돌보아 구제하는 윤리적이고 도덕적인 가치와 믿음이다.

이런 인간을 존중하는 가치와 믿음이 우리의 생활과 사회구조 속 깊이 스며들어 우리의 고유한 문화적 맥락을 이루고 있다(박종홍, 1960; 류승국, 1995; 송복, 1999; 최문형, 2004; 도성달, 2013).

이 문화적 맥락에서 부모와 고령자에 대한 존경을 발현하며 이분들의 존엄에 대한 현대적 지각을 깨우치는 것이 마땅하다고 본다.

3. 종교의 가르침

부모에 대한 존경은 종교의 가르침에서 드러난다.

불교의 효는 부모 은혜에 보답하는 데서 시작하여 부처님의 은혜에 대한 보답으로 승화한다. 불교의 비(悲)는 생명에 대한 조건 없는 존경을 나타낸다. 모든 생명을 차별 없이 존경하는 인간중시 사상을 이룬다.

기독교 성서는 다음과 같이 부모에 대한 존경을 엄하게 교시한다. "네 부모를 존경하라 그리하면 너희 하나님 여호와가 네게 준 땅에서 오래 살리라"(출20: 12). 부모존경이 하나님으로부터 받는 축복의 요건이 된다.

또한 "내가 너희를 사랑하듯이 너희도 서로 사랑해야 하느니라"라는 가르침이 있다(요한 13:34-35). 서로 존중해야 함을 강조하는 말씀이다. 이런 계명은 성서의 레위기(레9:3)와 신명기(신5:16)에 거듭 명시되고 있다.

이슬람교의 코란에는 부모에 대한 존경과 돌봄은 자녀가 행할 필수적 의무로 규정되어 있다. 예언자 아라 다음으로 부모를 존경해야 한다. 부모가 필요로 하는 수단적 돌봄과 정서적 돌봄을 함께 제공해야 한다.

유교는 부모를 존경하며 돌보는 효를 실행하는 가치로서 인(仁)을 강조한다. 이 가치를 한국인을 포함한 동아시아 사람들이 가족 중심으로 오랜 세월 동안 믿고 실행해 왔다.

이러한 가치는 조선 유학의 중심인물 퇴계(이황 李滉)의 가르침에서 분명해진다. 퇴계는 효를 행함으로써 발현할 수 있는 인(仁, 인간애)을 기본으로 한 인간존중 사상을 밝혔다(박종홍, 1960; 금장태, 2012). 퇴계는 가난하고 고독한 고령자는 모두가 나와 함께 공동사회를 이루는 형제자매로서, 이들을 존경하며 돌보아야 함을 강조하였다. 이렇게 존경함은 곧 인의 발현이다. 더욱이 퇴계는 다음 절에서 논하는 바와 같이 부모에 대한 이러한 존경은 효의 중심적 내용임을 역설했다.

위와 같이 모든 종교는 부모·고령자 존경을 이 세상에서 인간이 할 수 있는 으뜸가는 도덕적 의무임을 가르치고 있다.

제3장

존경:
효의 중심적 표현

존경한다고 함은 다른 사람의 사람됨과 말과 행동을 겸손하게 소중히 여기면서 예의를 지키며 어려울 때 돌보아 주려는 것이다. 사람과 사람 관계에서 이루어지는 남을 존중하는 이타적 가치이다.

　부모에 대한 이러한 존경은 다음과 같이 유교 경전에서 중심적 과제로 드러난다.

　『예기』(禮記 齋儀)에는 효의 일차적으로 중요한 내용으로서 아래와 같이 존경이 제시되어 있다(大孝尊親 其次弗辱 其下能養).

　첫째, 부모를 존경하는 것(尊親)

　둘째, 부모를 욕되게 하지 않는 것(弗辱)

　셋째, 부모를 편히 잘 모시는 것(能養)

　위의 세 가지 효의 내용 중에서 첫 번째로 무게를 둔 것이 부모에 대한 존경(尊親)이다. 존경이 효의 가장 중요한 내용임을 교시한 것이다.

한 제자가 어떤 방법으로 부모에게 효도하면 좋겠냐고 질문하자 공자(孔子)는 다음과 같이 답했다.

"오늘날 효도란 부모를 잘 먹이는 것을 이르거니와 개와 말에게도 먹을 것을 주지 않는가. 부모를 존경하지 않는다면 사람과 짐승 사이에 무슨 차이가 있겠는가"(논어, 위정 7).

맹자(孟子)도 비슷한 말을 했다.

"먹이기는 하면서도 사랑하지 않는다면 그것은 돼지로 여기고 사귀는 것이며, 사랑하면서도 존경하지 않는다면 그것은 짐승으로 보고 기르는 것이다"(맹자, 진심 편 37).

효를 가장 많이 논구한 증자(曾子)도 역시 효의 중심은 부모존경임을 다음과 같이 밝혔다.

"사람의 행실에 있어 효행보다 큰 것은 없다. 효행 중에서도 부모를 존경하는 것보다 더 큰 것은 없다"(효경, 성치장).

위와 같이 부모존경이 효의 핵심이 됨을 유교를 창시한 거유(巨儒)들이 역설한 사실이 문헌에 수록되어 있다.

이어 조선의 문화적 맥락에서 퇴계(退溪)는 부모존경을 더욱 분명히 밝혀 주었다. 퇴계는 다음과 같이 가르쳤다.

"부모를 존경하며 돌보는 것은 사람이 행할 가장 중요한 과업이며, 모든 착한 행동의 으뜸이고, 사람의 올바른 행동과 생활의 기본이다"(이황 퇴계집, 무진육조소; 류승국, 1995; 박종홍, 1960).

퇴계는 어버이 존경을 다음과 같은 측은한 마음으로 행해야 한다고 역설했다(이황 퇴계집, 서명고증강의).

"남을 사랑하고 이롭게 하는 따뜻한 마음으로서 사람의 마음속에 담겨있는 인(仁)이 발하여 사랑하고 존경하는 마음이 되며 이 마음에는 측은지심이 한결같이 통한다"(이황, 성학십도, 인설).

퇴계의 이 가르침은 고령자를 포함한 모든 사람에게 인간존중과 인간애를 측은지심으로 발현해야 함을 역설한 것이다.

이러한 유인(儒人)들의 가르침에 곁들어 현대 한국의 성인들도 부모존경을 중요시하며 실행하고 있는 사실이 사회조사에서 밝혀졌다. 제7장에서 이 조사에 대해서 해설한다.

위와 같이 부모존경은 종교적 가르침과 문화적 가치에서 공통으로 으뜸가는 도덕적 표현임이 드러났다.

제4장

존경:

가족 관계에서 싹틈

1. 가족 중심의 부모·자녀 간 친(親)한 관계

가족을 중심으로 부모와 자녀가 지키는 친한 관계는 친밀하고, 따스하고, 계산하지 아니하고, 보답을 요구하지 아니하며 서로가 직면하는 문제를 걱정하면서 돌보아 주는 정(情)으로 차 있는 관계이다.

이러한 가족적 맥락에서 이루어지는 친한 관계에 대해 사회학자 최상진(2012: 253)은 다음과 같이 설명하였다.

부모와 자녀가 혈통(핏줄)을 같이함으로써 자연적으로 발생하는 인정(人情)은 처음에는 부모로부터 시작되나, 성장하면서 사회화되는 과정에서 자녀는 부모를 중시하는 심정을 간직하게 되고, 이어 이 심정은 부모·자녀 간에 정을 주고받는 교환을 이루며 이 교환이 점차 강화된다. 이 과정에서 자녀는 노부모에 대한 단순한 정과 친밀감의 차원을 넘어 고마움, 송구스러움, 안타까움 등을 느끼는 동시에 보은의식(은혜를 갚

고자 하는 마음)을 갖게 되며, 한편 부모는 자녀에 대해 측은
지심과 더불어 친밀함으로 충만한 혈육의식을 가지게 된다.

부모·자녀 관계는 이러한 자연적이고 끊을 수 없는 친함과
정으로 엮인 감정적 유대를 이루게 된다. 이런 특수한 관계에
서도 부모와 자녀는 서로가 마땅히 지켜야 할 도덕적 규범을
따른다. 이 규범의 대표적인 것이 퇴계가 역설한 서(恕)이다.
즉 "내가 원하는 것을 남에게 한다", "내가 서고자 하는 데
남을 세운다"라는 이타적 정신이며 인(仁)의 발현이다.

부모와 자녀 간에도 이러한 서의 관계가 적용됨은 말할 것
도 없다. 자녀는 부모에게 그리고 부모는 자녀에게 서로 도움
이 되는 것, 서로 바라는 것, 서로 바람직하다고 보는 것을 자
진해서 너그럽게 주고받는 것이다. 즉 존경과 돌봄을 주고받
는 인간중시적인 호혜적 관계이다. 이 관계의 저변에는 퇴계
가 가르친 바와 같이 서로가 존중하며 돌보아야 할 의무 내지
책임이 깔려있다.

한국 부모의 자녀에 대한 애정은 별나다.

한국의 부모·자녀 관계는 서양인들 사이의 개별적이고 독
립적인 관계와 대조된다. 즉 한국의 부모·자녀 관계는 동일
체감(同一體感, 같은 몸이라고 생각함)을 바탕으로 하고 있다.
자녀와 부모를 한 몸이라고 보는 생각이다. 이러한 생각에서
부모의 기쁨과 고통은 자녀의 기쁨과 고통이 되고 역으로 자
녀의 기쁨과 고통은 부모의 기쁨과 고통이 된다(최상진, 2012:
251).

흔히 한국 부모는 자식을 다섯 손가락에 비유하여 자식이 불행이나 고통을 겪을 때 부모는 자신의 손가락을 다쳐서 느끼는 고통으로 비유한다. 이는 부모·자녀의 동일체의식을 암시적으로 알려주는 것이다(최상진, 2012: 251).

혈통을 같이하는 데서 발생하는 깊은 정은 영아기·아동기에는 부모로부터 시작되나, 자녀는 자라나면서 사회화되는 과정에서 부모에 대한 관심을 가지고 걱정하는 도덕적 심정을 마음속에 간직하게 되고, 이어 성인이 됨에 따라 이러한 심정은 부모·자녀 간에 서로 존중하며 돌보는 도덕적인 관계로 진전하게 된다(김인자 외, 2008).

이러한 변화과정에서, 다시 말해서, 자녀는 노쇠해지는 부모에 대해서 단순한 친밀감의 차원을 넘어 고마움, 송구스러움, 안타까움을 느끼는 동시에 부모 은혜를 갚으려는 보은의식(報恩意識)을 갖게 되고, 이 부모에게 감사하는 의식은 곧 부모존경에 대한 의무감 내지 책임감으로 전환한다. 한편 부모는 자녀에 대해서 측은지심으로 돌보려는 혈육의식(血肉意識)을 간직하게 된다(최상진, 2012: 253).

이러한 감사할 의무와 보은의식은 가족원들 간에 생성하는 자연적인 도의심에서 우러나는 것으로서 아무도 끊을 수 없다.

2. 부모·자녀 관계의 특수성

위와 같은 특수한 관계를 이루는 부모는 아래와 같은 이 세상에서 가장 귀한 은혜를 자녀에게 베푼다.

* 낳아준 은혜(생산의 은혜)
* 길러준 은혜(양육의 은혜)

부모는 자녀에게 몸을 남겨 주었을 뿐만 아니라 자녀가 성인으로 성장하는 오랜 기간에 걸쳐 끝없는 사랑과 관심으로 음식, 의복, 주거, 양호, 교육 등 온갖 유형의 정서적 및 물질적 돌봄을 제공한다. 우리 사회의 부모는 다른 나라의 부모보다도 이 점에서 더, 뛰어나다.

자녀는 이런 막중한 은혜에 감사하게 된다.

누군가가 나에게 커피를 한 잔 대접하였다면, 나는 그 커피만을 받은 것이 아니라 그분으로부터 은혜를 받게 된다. 즉 받은 물건에다 그분의 온정(따뜻한 마음), 선의(착한 뜻) 및 덕행(덕스러운 행동)을 받게 되는 것이다. 하물며 자녀를 출생하신 부모님이 그들에게 오랜 세월 동안 대가를 바람 없이 측은지심으로 베푸신 온정(溫情), 선의(善意) 및 덕행(德行)은 글과 말로 다 표현할 수 없이 크고, 깊고, 높은 은혜라고 하지 않을 수 없다.

불교에서는 길에서 지나가는 사람의 옷자락을 스쳐 접촉하는 것도 전생의 인연(因緣)이 있어 그런다고 한다. 위와 같은 은혜를 베푸신 부모님과 자녀와의 관계는 이보다도 몇천 배 더 깊은 인연으로 이루어진다고 본다.

이러한 부모·자녀 관계는 매우 특수하여 세월이 흘러도 변치 않으며 아무도 감히 끊을 수 없다. 이 관계에서는 깊은 존경심과 정으로 차 있으며, 존경의 가치가 저절로 발현된다.

그러므로 사람이 지켜야 하는 기본적 윤리로서 부자유친(父子有親, 부모·자녀 간의 친밀한 관계)을 들고 있다(류승국, 1995; 손인수 외, 1977). 어느 시대, 어느 사회에서나 변할 수 없는 친근한 관계이다.

새 기술이 나와 산업방식이 달라지고 생활양식이 바뀌고 있다. 이러한 큰 변화 속에서도 변치 않는, 아니 변할 수 없는 사실이 있다. 그것은 곧 위에 논한 바와 같은 부모·자녀 간 특수한 관계이다.

이러한 부모·자녀 관계를 중심으로 형제자매, 친척, 선생, 선배, 직장의 장, 이웃 어른과의 존경하는 관계로 넓혀 나가게 된다.

최재석 교수(2009)는 한국 가족연구에서 위와 같은 특이한 인간관계가 소멸하였다는 증거는 나오지 않고 그러한 전통적 관계가 남아 있다고 했다. 신용하 교수는(2004) 부모·자녀가 서로 의존하며 돌보는 한국적 관습을 세계적으로 자랑할 수 있는 문화적 자산이라고 했다.

제5장

존경:

돌봄을 내포

앞서 지적한 효의 가장 중요한 조건 3가지 - 부모를 존경함(尊親), 부모를 욕되게 하지 않음(弗辱), 부모를 잘 모심(能養) - 가운데 능양(能養)이 담고 있는 뜻은 부모에게 좋은 음식, 따뜻한 의복, 안락한 거처를 드려 잘 돌보아드리는 의무를 뜻한다. 이처럼 존경과 돌봄이 효의 중요한 내용으로 지적되어 있다.

현대 윤리학자들도 존경(respect)은 돌봄(care)과 겹쳐 있다고 주장한다. 이들은 존경은 돌봄을 포함하며, 돌봄은 존경의 일부(Care is part of respect.)라고 규정한다(Downie & Telfer, 1969; Dillon, 1992; Disch, Doborof & Moody, 1998).

유교경전(儒敎經典)에서는 존경이 돌봄과 중첩되어 있음이 거듭 드러난다. 『예기』(禮記, 예를 행하는 데 관한 준칙)에는 부모를 존경하는 행동과 부모를 돌보는 행동이 혼합 또는 겹쳐 수록되어 있다.

예를 들어 『예기』(하 내칙 12)에는 다음과 같은 자녀를 타이르는 말이 있다.

"부모를 돌보아드리는 데는 그 마음을 즐겁게 해드리고, 그 뜻에 어긋나지 않도록 하며, 눈과 귀를 보고 듣기 좋게 해드리고, 잠자리를 편안하게 해드리며, 음식은 마음을 다하여 대접해야 한다."

"아침에 일어나면 부모님의 방으로 가야 한다. 방에 이르러서 마음을 가라앉히고 목소리를 부드럽게 하여 입고 있는 옷이 따뜻한지, 아픈 곳은 없는지를 묻고서 불편한 데가 있다고 하면 공손히 이를 풀어 드려야 한다."

"부모에게 허물이 있을 때는 마음을 잔잔히 하고 부드러운 얼굴빛과 목소리로써 간해야 한다. 이런 간(諫)을 받아드리지 않을 때는 존경하면서 기뻐할 때를 기다렸다가 다시 간한다."[1]

위의 가르침은 부모를 돌봄으로써 존경하고 존경함으로써 돌보는 자녀의 효행을 알리는 것이다.

이 가르침은 또한 존경함은 돌봄과 밀접한 관계가 있음을 밝히고 있다. 다시 말해서 돌봄은 존경함으로써 이루어지고, 존경하면 돌봄이 따르게 됨을 시사한다.

효는 원래 부모를 존경하며 돌보는 것인데 위와 같이 경로(敬老 노인 '존중')와 효친(孝親 부모 '돌봄')이 함께 이루어질 수 있음을 전통 문헌과 현대 연구자가 밝힌 것이다.

---

1) 간한다고 함은 어른에게 충고하는 것임.

그런데 존경은 돌보는 데 있어 긴요하면서 끈질긴 기능을 한다고 본다. 돌보는 과정에서 돌봄의 어려움, 피로, 소진이 심해짐에 따라 노부모에 대한 애정이 일시적으로 사라질 수 있다. 그러나 존경하는 마음은 끊임없이 지속할 수 있을 것으로 본다.

사회적 돌봄의 등장

새 시대에는 위와 같은 가족 중심으로 제공되는 돌봄을 보완, 강화하는 사회적 효, 사회적 돌봄이 제공되기 시작했다. 나라의 노인복지 관련 법과 사회복지 제도를 기틀로 사회복지 시설과 비영리 공익단체가 공식적 규정과 준칙에 따라 타율적으로 제공하는 돌봄이다. 가족 중심으로 마음에서 우러나는 정으로써 자율적으로 행하는 가족적 돌봄과 대조되는 돌봄이다.

하지만 사회가 행하는 효는 고령자가 필요로 하는 정신적 및 신체적 문제를 해소하는 기술 중심적 돌봄을 제공하는 강점을 간직한다. 앞으로 가족적 효를 보완, 강화하는 데 크게 기여할 수 있는 돌봄이다.

제6장

존경:
존엄성을 높임

1. 존엄성을 높이는 경우: 긍정적 시각

부모님을 존중함은 이분들의 존엄성(尊嚴性)을 받든다는 뜻이 담겨있다.

존엄하다 함은 고귀한 사람으로서 존경받으며 윤리적으로 대우받을 타고난 권리가 있음을 말한다(류성국, 1995; 오석홍, 2016: 537; 성규탁, 2021; Disch, Dobrof, & Moody, 1998; Dillon, 1992; Downie & Telfer, 1969).

존엄성을 간직한 부모와 고령자를 멸시하거나, 귀찮은 존재로 보거나, 푸대접하거나, 억압하거나, 자유를 뺏거나, 강제 노역을 시키거나, 착취하거나, 격하하거나, 배제하거나, 빈곤 상태에 버려두거나, 생명을 해치면 아니 된다.

이러한 부도덕하고 비윤리적 태도와 행동은 이분들의 존엄을 훼손하기 때문이다.

모든 사람은 나이, 성별, 인종, 종교, 사회적 지위에 상관없이 존엄한 인간이다. 즉, 가족, 이웃, 동포이기에 앞서 존엄을 간직한 고귀한 사람인 것이다.

퇴계는 "하늘과 땅의 기를 받아 태어난 것 중에서 사람이 가장 귀하다"라고 하여 사람의 귀중함-인간의 존엄성-을 받드는 고귀한 정신을 알려주고 있다(손인수 외, 1977: 123; 김낙진, 2004: 59).

존엄을 받드는 데는 사람의 복리를 증진할 책임이 따르게 된다. 퇴계는 먼저 부모를 존경하며 돌보고(事親), 이어 형제를 우애롭게 돌보며(事兄弟), 다음으로 공동체 성원을 돌보되(事公), 이 모든 것을 인(仁)을 기틀로 실행해야 함을 가르쳤다(이황 성학십도, 인설).

이 경우 인(仁)은 "자신과 가까운 사람이나 먼 사람이나, 친한 사람이나 모르는 사람이나, 은혜를 입은 사람이나 아니 입은 사람이나, 모든 사람이 서로 사랑하며 존엄함을 발현함으로써 실현되는 가치이다"(도성달, 2013: 123).

따라서 존엄성 원칙은 부모님을 비롯하여 모든 고령자에게 적용되어야 하는 엄중한 윤리적 규범이다.

인간 존엄성은 사회복지 돌봄서비스, 의료서비스, 이웃 봉사, 가족 돌봄을 포함한 모든 부모·고령자 돌봄에서 반드시 지켜져야 하는 엄중한 윤리적 규범이다(한국사회복지사협회 윤리강령, 2012; NASW Code of Ethics (U.S.), 2000; 일본 사회복지사회윤리강령, 2006).

사람을 인간중시적으로 돌보기 위해서는 돌봄서비스에 관한 지식과 기술만을 가지고는 부족하며, 마음속에서 우러나는 인간적인 정으로써 그분의 존엄성을 받들어야 한다(최상진, 김기범, 2011). 이 때문에 사람 돌봄에서 최우선시하는 가치로서 '존엄성 높임'을 들고 있다(Goldstein, 1998; Levy, 1999; Disch, Dobrof, & Moody, 1998; Dillon, 1992).

이러한 윤리적이며 도덕적인 가치는 사회가 변동해도 쉽게 변하지 않는다. 이런 가치를 바탕으로 부모·고령자를 위한 복지의 제도 및 정책이 수립되고, 나아가 돌봄서비스가 개발, 전달됨이 마땅한 것이다.

2. 존엄성을 해치는 경우: 부정적 시각

사람의 수명이 길어지며 영아 출생률이 낮아지고 있다. 이러한 인구학적 변동이 계속됨으로 부모·고령자 돌봄은 소수 젊은 사람들의 책임으로 되어 가고 있다. 앞으로 고령자 돌봄의 부담이 커지면 이렇게 소수가 되는 젊은이의 돌봄 능력이 감소하고 고령자를 존중하는 관습마저도 쇠퇴할지도 모른다.

하지만 문명화된 사회에서는 어김없이 고령자를 존중해야 하며 결코 소외, 격리, 차별, 배제, 학대하는 일이 있을 수 없다.[2]

---

2) 세계적으로 저명한 역사학자 Toynbee 경은 1973년 그를 영국 런던으로 예방한 한국 정치인들에게 다음과 같은 말을 했음. "여러분 나라의 노인을 존중하고 가족체계를 중시하는 효는 이 세상에서 가장 훌륭한 가치이다. 이 가치가 유럽에서도 널리 퍼지도록 해 주오. 나는 이런 운동을 적극 지지하겠다. 만약 이 세계가 파괴되어 우리가 다른 천체로 옮겨 가게 된다면, 효는 우리와 함께 옮겨가야 할 최선의 문화적 가치가 될 것이다."(Business Korea, May 1, 2020)

하지만 부모·고령자는 존중은 고사하고 비인도적 대접을 받을 수 있다. 인류 역사를 살펴보면 옛날 어느 때에는 부담스러운 노부모·고령자에 대해 극히 불경스럽고 비인도적인 학대를 한 것 같다.

고려 시대에 있었다는 고려장(高麗葬 고려 시대 장사)은 산에 굴을 파고 늙은 부모를 그 굴에 넣고 먹을 것을 넣어주고서는 굴의 입구를 막아 버렸다는 것이다. 일본에서 옛날에 행해진 오바스테(姨捨 늙은 어미 버림)는 늙은 부모를 산꼭대기에 업고 가서 그곳에 버렸다고 한다. 그리고 고대 중국의 기로국(棄老國 노인을 버린 나라)에서는 노인을 허허벌판에 데리고 가서 그곳에 저버렸다고 한다. 서양의 경우는 더 흉측하게 노부모를 학대했다는 이야기들이 있다. 즉 박테리어족은 노인을 개가 뜯어 먹게 했고, 살디니족은 노인을 높은 언덕에서 들어 던졌다(Cox, 1990).

오늘날 문명화된 사회에서는 결코 이러한 미개하고 비인도적인 고령자 학대를 용납할 수 없다.

이러한 전설을 들을 때 고령자 돌봄서비스를 인간화, 즉 인간중시적으로 개선, 실행해야 할 필요성을 절감하게 된다. 우리는 모름지기 인간 존엄의 가치에 부합되는 부모·고령자 돌봄을 실행해야만 한다.[3]

---

3) 고령자를 위한 돌봄을 향상하기 위한 노력이 진행되고 있다. 이 과정에서 수단적인 면을 강조하는 경향이 드러나고 있다. 즉 요금 할인, 교통편 제공, 식사 배달, 노령수당 제공 등 수단적 돌봄서비스를 확장하고 있다. 하지만 정서적인 면-존중, 애정, 친밀, 동정, 관심, 걱정, 위안 등-에 대해서는 대단한 관심을 두지 않는 경향이다. 이런 정서적인 면은 눈에 보이지 않으나 우리의 가슴속에서 메아리치며 우리의 인간중시적 가치를 발현

존엄을 낮추는 말로서 '노화'(老化 aging)를 들 수 있다. 이 말은 흔히 중립적이 아닌 부정적인 뜻으로 사용된다. 즉 시대에 뒤떨어진, 옷장 안에 처박아 둘, 현 사회에서 쓸모없는 등의 뜻으로 해석된다. 소위 stereotype 시 하는 것이다.

이런 시각이 부모가 포함되는 고령자에게 적용된다면 이분들의 인생의 의미와 중요성을 과소평가나 무시하게 되고, 이분들을 사회로부터 격리, 배제된 집단이며, 사회에 부담이 되는 존재로 보게 된다.

이 시각은 말할 것도 없이 비윤리적이고 비존경적인 편견이며 존엄성을 손상하게 된다.

이분들이야말로 우리 사회를 바로 세우고, 보호, 유지, 안정시켜 온 당사자들이다. 문명화된 우리 사회에서는 이분들에 대해 위와 같이 차별, stereotype 시 할 수 없다.

Toynbee 경은 "한 나라의 문명화된 정도를 알려면 그 나라에서 노인이 대접받는 것을 보면 알 수 있다"라고 했다.

부모·고령자에 대한 긍정적 또는 부정적 시각은 어린이 시기에 싹트게 된다. 따라서 자라나는 세대가 부모·고령자에 대해 바람직한 시각을 갖도록 사회화와 교육을 할 필요가 있다.

젊은 세대가 고령자와 공생(共生)하는 기간은 현저히 늘어나고 있다. 20세기에 들어 사람의 생명은 극적으로 연장되기

한다. 더욱이 이 가치는 부모·고령자의 생의 질을 높이기 위한 돌봄서비스를 기획, 실천하는 데 커다란 영향을 끼칠 수 있다. 따라서 돌봄의 수단적 방법과 더불어 정서적 방법도 중요성을 함께 강조해야 한다. 고령자의 삶은 생리적 작용과 함께 가치와 믿음, 사람들과의 정적 관계, 애정과 존중에 대한 기대로 차 있다. 이 때문에 이분들의 정서적 차원에 대한 신중한 배려가 필요하다.

시작했다. 1900년대에 평균 수명은 약 47세였던 것이 오늘날에는 80세 가까이 대폭 연장되었다. 현대 의학의 발전과 사람들의 건강에 관한 관심과 주의가 크게 증대하였기 때문이다.

이러한 사실은 노소 세대 간 관계를 지속적으로 발전, 유지할 필요성을 알려주고 있다.

3. 이어지는 부모·고령자(선생 포함) 존경

전술한 바와 같이 동아시아의 한국인, 중국인, 일본인은 유교 문화의 영향 아래 부모·고령자를 존경하는 가치를 오랜 세월 동안 공유해 왔다(조지현, 오세균, 양철호, 2012; Chow, 1995; Koyano, 2000; Sung, 2001).

부모·고령자 존경과 관련된 가치는 이들의 의식과 관행에서 뚜렷이 나타나고 있다.

덧붙일 사실은 선생(先生)을 존경하는 관행이다. 부모님은 나를 출생해 길러주셨지만, 선생님은 내가 이 세상에서 살아가는 데 필요한 지식과 방법을 가르쳐 주신다. 부모님 다음으로 선생님을 존경하는 문화적 가치가 동아시아 나라들의 공유된 가치로서 보편화 되어있다. 시대적 변화로 이 가치의 강도가 개인, 집단, 지역에 따라 다를 수 있겠지만 이 가치가 올바르다, 마땅하다, 바람직하다고 보는 데는 변함이 없다.

그리하여 산업화가 고도로 진행된 일본, 한국, 대만, 싱가포르, 중국 등 동아시아 나라들에서 이러한 문화적 관행이 공통으로 유지되고 있다. 지난 수십 년 동안 고령자 존경을 위한 사회적 노력이 정부와 민간의 협동으로 이루어지고 있다.

예로 한국에서 이루어진 경로헌장 공포, 경로 운동, 노인복지법, 부모부양책임법, 장기요양법, 효행장려법 등의 제정, 노인을 위한 각종 사회복지 및 보건의료서비스 제공, 경로일 및 경로주간 실시, 효행상 제도 운용 등은 이러한 노력을 예증하는 것이다. 이런 사회적 제도와 운동을 제정, 실행하는 이면에는 중요한 가치적 바탕이 깔려있다. 그것은 부모와 고령자를 존경하며 이분들의 존엄함을 받드는 전통적 문화적 가치이다.

이 가치가 우리의 일상생활에서 발현되고 있는 사실이 다음 장에서 해설하는 존경에 대한 실태조사에서 드러나고 있다.

세계적 고령자 존경 운동

위와 같은 동아시아 문화권의 실상에 맞물려 세계적인 고령자존중 운동이 전개되고 있다.

국제연합(UN)은 1948년 '노인 인권선언'을 발표하여 각국 정부가 노인의 존경 받을 권리를 보장할 의무를 선포하였다. 1991년에는 노인의 존엄(dignity)을 보장하는 '유엔원칙'을 채택하였다.

이어 2002년 UN은 마드리드 선언(고령화 국제행동계획 선언; The Madrid Declaration: International Plan of Action on Ageing)을 공포(公布)하여 고령자의 인권 보장, 복지증진, 사회적 배려 및 지지를 강조하는 운동을 감행하였다. 이 선언은 특히 고령자의 인권을 존중, 보장할 각국 정부의 역할을 강조하였다(박영란, 2020).

한편 종말 의료(생명 유지 및 중단 관련), 유전자조작, 인간 복제 등과 관련된 윤리적 문제가 중대한 세계적인 과제로 다루어지고 있다.

'세계의학협회'는 헬싱키선언(The Helsinki Declaration, 1964)을 제정, 공포하여 의학·의료에서 인간 존엄을 지켜야 하는 윤리적 원칙을 세계에 공표하였다. 즉, 치료, 연구, 실험에서 특히 고령자의 생명, 건강, 자기 결정, 사비밀을 엄중히 보장하여 인간 존엄을 고양할 의무를 규정한 것이다.

한국을 포함한 동아시아 나라들에서 문화적 규범으로서의 부모·고령자 존경은 여전히 통용되고 있다. 이 규범에 준거하여 고령자를 존경하는 도덕적 태도와 행위가 판정되고 조정된다. 다만 시대적 변동에 따라 이를 준수하는 강도가 달라지고 표현하는 방식이 수정, 변동되고 있을 따름이다.

이렇게 전통 문화적 관행이자 세계적 관심사로 드러난 부모 존경이 한국적 맥락에서 수정, 변동되는 실상을 탐사하기 위하여 다음과 같은 일련의 실태조사를 하였다.

제7장

현대인의 부모존경:

실태조사

새 시대 성인 자녀의 부모존경에 대하여 아래 3편의 사회조사를 통해서 밝혀 보았다. 1)과 2)는 부모존경에 대한 지적빈도와 중요성에 관한 조사이고 3)은 부모존경의 표현방식을 가려내기 위한 조사이며 4)는 표현방식의 변화에 관한 해설이다.

1) 효행상 수상 성인 자녀 조사
2) 일반 성인 자녀 조사
3) 존경 표현방식에 대한 조사
4) 존경 표현방식의 변화에 관한 해설

위의 조사에 대한 해설에 들어가기 전에 진술할 사실은 효행자와 일반인이 부모존경을 가장 빈번히 실행했고 가장 중요시하였음이 드러난 것이다.

먼저 모범적으로 효를 행하여 효행상을 받은 성인 자녀에 대한 조사에서 나온 경험적 자료를 제시하고자 한다.

1. 효행상 수상 성인 자녀 조사

효행상은 보건복지부가 매년 경로주간에 전국에서 추천된 수상 후보자를 심사하여 선발, 시상한다.

효행자 987명 가운데서 무작위로 추출된 130명에 우편 설문을 돌려 응답을 받았다. 이 중 106명이 응답하여 86%의 응답률을 이룩했다(성규탁, 2005, 2017).

조사대상자 특징

거주지역: 농촌(64%), 도시(46%); 성별: 남(33%), 여(67%); 나이: 40세~49세(30%); 50세~59세(41%), 60세~79%(29%); 결혼상태: 미혼(16%), 기혼(69%). 기타(15%); 교육 정도: 초등학교(51%), 중고등학교(33%), 대학(16%); 직업: 주부(36%), 농업(22%), 노동(9%), 행상(14%), 공직(7%), 무직(12%).

(1) 설문 조사

우편으로 송달된 (무기명) 설문지는 효행의 실행을 묻는 설문(5단위 척도: 1=가장 자주 함~5=전혀 행하지 않음)과 효행자의 사회적 특징으로 구성되었다. 응답자의 3분의 2가 농촌 거주자이고, 교육 정도는 초등학교가 반 이상이고, 직업은 주부, 노동, 행상 및 무직이 94%를 차지했다. 이 자료는 효행자의 대다수는 농촌거주자이고 저교육 및 저소득층에 속함을 시사한다. 따라서 나이와 성별 이외에는 응답자를 구별하는 데 별다른 의의가 없을 것으로 보았다.

응답 자료의 신뢰도는 alpha 계수 .68이며 통계적으로 유의한 .01선에 이른다. 각 응답 항목의 평점을 산정해서 평점 크기에 따라 우선순위를 정하여 분석하였다.

(2) 식별된 효행 유형

<표 1>은 각 효행 유형을 실행했다고 지적한 빈도의 크기를 바탕으로 산정한 등위를 보여준다. 가장 높은 등위를 차지한 항목은 '부모존경'이다. 존경이 가장 자주 실행된 효행이다. 다음으로 '책임수행' 등이 따른다.

<표 1> 식별된 효행 유형의 지적빈도 및 등위

효행 유형	지적빈도	등위
부모에 대한 존경	88%	1
부모에 대한 책임수행	82%	2
부모 은혜에 대한 보답	72%	3
부모를 위한 희생	47%	4
부모에 대한 동정	43%	5

* 각 효행의 등위는 지적빈도에 기초한 것임

통계분석 결과 부모존경은 효행자의 사회적 특성(나이, 교육 정도, 거주지역 등)에 유의한 차이가 없음이 시사되었다. 즉 부모존경은 효행자가 거의 공통으로 실행했음이 시사된 것이다. 다만 성별로는 여성이 더 높은 정도로 존경하였다. 다음 부모존경 이외의 효행 유형인 부모에 대한 책임, 부모 은혜 보답 및 부모를 위한 희생과의 상관관계를 검색한 결과 유의한 관계가 있음이 시사되었다(r=68~55, p<.00, n=96). 즉 부모를 존경하는 자녀는 부모의 안녕에 대한 책임감, 부모 은혜에 보답하는 성향 및 부모를 희생적으로 돌보는 경향임을 사사한다. 부모존경의 변수가 이러한 여러 유형의 효행을 설명하는 변수가 될 수 있음을 시사한다.

이 조사가 끝나자 새 질문이 생겼다. 효행자가 아닌 일반인의 효행은 어떠한 것인가? 이 질문에 대한 답을 얻기 위해 다음과 같은 일반인에 대한 조사를 하였다.

2. 일반 성인 자녀 조사

두 대학교에 재학하는 학생 401명으로부터 자료를 수집하였다. 각 학교에서 무작위로 추출된 사회과학계 학과들의 12개 반들(12명~58명 크기)의 학부생과 대학원생이다. 의도적으로 선출된 두 대학은 사회적, 경제적 및 종교적으로 다양한 배경을 가진 학생이 다니는 공인된 교육기관이다(성규탁, 2017).

조사대상 학생의 55%는 남성, 45%는 여성, 44%는 4학년생, 56%는 대학원생이다. 평균연령은 23.5세이고 61%는 부모와 동거하고 있다. 기타 개인적 자료는 대학 당국의 요청에 따라 수집하지 않았다.

[설문]

다음과 같은 설문을 나누어주고 응답을 구했다.

1. 학생이 평소 부모님에게 효를 행하기 위해 가장 자주 하는 행위 또는 몸짓을 두 가지 이상 적어 주시오.

_____ _____

_____ _____

_____ _____

2. 위에 적은 행위 또는 몸짓을 어느 정도 중요하다고 보는지 그 중요성의 정도를 지적해 주시오. (5단위: 5=매우 중요함, 4=그대로 중요함, 3= 중간 정도, 2=별로 중요치 않음, 1=전혀 중요치 않음)

효의 행위	매우 중요함	그대로 중요함	중간 정도 중요함	별로 중요치 않음	전혀 중요치 않음
_____	___	___	___	___	___
_____	___	___	___	___	___
_____	___	___	___	___	___

위의 첫 번째 질문은 응답자가 가장 자주 하는 효행 방식을 식별하기 위한 것이고 두 번째 질문은 각 방식을 중요시하는 정도를 파악하기 위한 것이다.

이외에 인구학적 항목(나이, 상별, 부모와의 동거/별거)이 부가되었다.

이와 같은 단순한 설문으로 교실에서 쉽게 응답할 수 있게 하였다. 각 반 강사는 설문에 대한 응답은 자유이고 응답은 무기명으로 하도록 지시했다. 각 반에서 평균 90% 이상이 응답하였다.

[분석결과]

각 효행이 지적된 빈도에 기초한 백분율의 크기에 따라 등위를 산정하였다. <표2>

<표 2> 효행 유형의 지적빈도에 따른 등위 (N=401)

효행 유형	지적빈도(%)	등위
부모를 존경함	88	1
부모 은혜에 보답함	85	2
부모를 사랑함	72	3
부모에 대한 책임을 수행함	47	4
부모 중심으로 가족을 화합함	43	5

다음 5단위 척도에 따라 중요성 정도를 산정하여 각 효행의 등위를 매겼다. <표3>

<表 3> 효행 유형의 중요성에 따른 등위 (N=401)

효행 유형	*평균	모드	S.D.	등위+
존경	4.42	4	.59	1
보답	4.39	4	.76	2
사랑	4.34	4	.62	3
책임	3.84	3	1.11	4
화합	3.72	3	1.29	5

* 효행의 중요성은 5단위 척도(1=전혀 중요치 않음……5=매우 중요함)에 기초함
\+ 등위는 평균치의 크기에 기초함

지적빈도 분석결과를 보면 "존경"이 가장 빈번히 지적되었다(응답자의 88%).

중요성 분석결과에서도 존경이 가장 높은 등위를 차지했다(4.42, '거의 매우 중요함').

위와 같이 빈도와 중요성 분석에서 다 같이 존경이 가장 높은 등위를 차지하였다.

두 대학의 분석결과를 대조해 보기 위해 조사대상자를 두 집단으로 나누었다. 통계분석 결과(t test: 2-t p 353)에 의하면 존경방식의 지적빈도에서는 두 집단 사이에 차이가 없음이 시사되었다. 중요성에서도 역시 두 집단 사이에 차이가 없는 것으로 나타났다.

인구학적 항목과 대조하여 중요성 평점의 변화를 조사해 보기 위해 ANOVA 분석을 했다. 거주지역(농촌 또는 도시)과 거주형태(부모와 동거 또는 별거)의 두 변수가 상충 작용을 하고 있음(DF 1, MS .36, F .95, F .33)이 시사되었다. 이 결과는 시골에 거주하며 부모와 함께 사는 응답자들이 존경을

더 중요시함을 알려준다. 나이와 성별도 역시 상충 작용을 하고 있다. 나이가 많고 여성인 응답자가 존경에 더 무게를 둠을 시사한다.

3. 존경의 표현방식 조사

존경이 어떠한 구체적 방식으로 실천되고 있는가에 대한 경험적 자료가 매우 드문 실정이다.

한국인이 부모를 존경한다면 어떠한 구체적 행동으로 존경하는가? 그리고 그 존경하는 방식이 어떠한 사회적 뜻을 가지는가?

이러한 질문들에 대한 답을 얻기 위해 젊은 성인들(대학생과 대학원생)이 부모를 존경하는 방식을 탐사하였다.

즉, '가장 자주 실행되는' 존경방식을 식별하고, 각 방식이 우리의 문화적 맥락에서 뜻하는 바를 간략히 고찰하였다.

(1) 조사의 대상 및 방법

본 조사를 위한 자료는 3개 대학에 재학 중인 458명의 대학생과 대학원생으로부터 수집하였다(성규탁, 2017). 3개 대학에서 무작위로 추출된 모두 15 사회과학계 학과들의 반들(10명~50명 크기)의 학부와 대학원 학생들이다. 의도적으로 선출된 이 대학들은 사회적, 경제적 및 종교적으로 다양한 학생들이 다니는 공인된 사립 교육기관이다. 조사대상 학생들의 약 60%는 남성이고 40%는 여성이며, 약 70%는 4학년생이고 30%는 대학원생이다.

다음 설문을 나누어 주고 응답을 구했다. "학생이 평소에 부모와 어른을 존경하기 위해 가장 자주 하는 행위를 3가지 적어 주시오."

이 질문은 응답자가 가장 자주 하는 복수의 존경방식들을 알아내기 위한 것이다. 이 질문 외에 나이와 성별 항목이 부가되었다.

위와 같이 학생들의 사적 배경(인구 사회학적) 항목을 제외한 비교적 단순한 설문을 작성하여 이들의 부모존경에 대한 개인적 태도에 관해서 사비밀을 지키면서 안심하고 쉽게 응답할 수 있게 하였다. 각 반의 강사는 설문에 응답하는 것은 각 학생의 자유이고 응답할 의사가 있는 학생은 무기명으로 응답하도록 지시해 주었다. 각 반에서 거의 모든(80%~90%) 학생들이 응답하였다.

(2) 식별된 존경방식

응답자들은 다양한 존경방식을 설문지에 기재하였다. 기재된 방식의 뜻과 표현을 참작하면서 조심스럽게 분류해 나갔다. 분류하는데 다음 5가지 방식을 사전 선정하여 후속선정을 위해 참고하였다. 이 방식들은 한국 사회에서 보편적으로 사용되고 있는 존경방식들이다. 즉 * 돌봄으로 하는 존경, * 선물을 제공해서 하는 존경, * 존댓말을 사용해서 하는 존경, *

윗자리를 제공해서 하는 존경, * 음식 대접을 해서 하는 존경
이다.

분류과정에서 위의 5가지 외에 여러 방식이 나타났다. 무작
위로 선출된 3명의 응답자로부터 응답의 해석과 후속 분류작
업을 위해 도움을 받았다. 이들은 분명하지 않은 응답과 애매
한 언어적 표현을 해석하도록 도와주었다. 각각의 존경방식을
상호 배타적인 항목으로 정립하기 위해 노력하였다.

존경방식을 지적한 빈도에 기초해서 백분율을 산출했다. 이
백분율의 크기에 따라 존경방식들의 등위를 산정하였다.

분석결과를 보면 "돌봄으로 하는 존경"(돌봄서비스를 제공
하는 것)이 가장 빈번히 지적되었다(응답자의 62%). 두 번째
로 자주 지적된 방식은 순종으로 하는 존경(51%), 세 번째는
의논해서 하는 존경(41%), 네 번째는 먼저 대접해서 하는 존
경(36%), 다섯 번째는 인사를 해서 하는 존경(33%), 여섯 번
째는 존댓말로 하는 존경(31%), 일곱 번째는 음식 대접으로
하는 존경(23%), 여덟 번째는 선물로 하는 존경(21%), 아홉
번째는 외모를 단정히 해서 하는 존경(20%), 열 번째는 윗자
리를 제공해서 하는 존경(15%)이다.

위와 같이 돌봄으로 하는 존경이 가장 높은 등위로 드러
났다.

3개 대학에서 얻은 자료의 분석결과를 대조해 보기 위해 조
사대상자들을 세 집단으로 나누었다. 분석(ANOVA) 결과에
의하면 존경방식들의 지적빈도에서 3개 집단 간에 통계적으로

유의한 차이가 없음이 시사되었다.

(3) 가장 자주 실행한 존경방식의 일반적 의미

이 모든 방식은 조사대상 성인들이 부모와 어른에게 가장 자주 실행한 존경방식이다.

각각의 존경방식(10가지)이 갖는 일반적 의미를 다음과 같이 간추려 보았다.

① 돌봄으로 하는 존경: 정서적 및 수단적 돌봄을 하는 것
② 순종을 해서 하는 존경: 어른의 충고나 지시를 받아들이며 말을 귀담아듣는 것
③ 의논을 해서 하는 존경: 개인적 또는 가정의 일, 지켜야 할 관습 등에 관해서 어른의 의견과 조언을 받는 것
④ 먼저 대접해서 하는 존경: 도움을 먼저 제공하며 방, 자동차 등에 먼저 출입하도록 하는 것
⑤ 인사를 해서 하는 존경: 절을 하거나 두 손을 합장하여 인사하는 것
⑥ 존댓말을 사용하는 존경: 어른과 대화나 교신을 할 때 존댓말을 사용하는 것
⑦ 음식을 대접해서 하는 존경: 어른의 기호에 맞는 식사와 음료를 대접하는 것
⑧ 선물로 하는 존경: 선물(돈, 옷, 일용품 등 물건)과 혜택(모임을 주도하는 권한, 편의 등)을 제공하는 것

⑨ 외모를 갖추어서 하는 존경: 의복을 단정하게 입고 예의
바른 모습을 갖추는 것

⑩ 윗자리를 제공해서 하는 존경: 윗자리나 조용한 방을 드
리는 것

4. 존경방식의 변화

산업화와 도시화에 따른 사회환경 및 생활 스타일의 변동으
로 인하여 위와 같은 존경을 표하는 방식이 수정, 변경되고
있는 것으로 보인다.

존경방식이 어떻게, 어느 방향으로, 어느 정도로 변하는가
에 대한 체계적 조사가 이루어지지 못하고 있다.

존경방식 변화에 대한 조사

가장 많이 지적된 아래 5개 존경방식에 관한 질문서를 보여
주고 면접방식으로 자료를 수집하였다. 공동조사자 3명은 3개
의 다른 대중 공원에서 각자 15명의 30대~40대 성인 남녀
총 45명(남 22명, 여 23명)을 면접하여 다음과 같은 질문을
해서 답을 받았다. 이 답은 서술적이고 질적(質的)인 자료다.

응답자에게 응답은 무기명 및 무녹음으로 수집되며, 응답은
자유라고 알려 주었다. 각 응답자에게 볼펜과 메모용 공책을
증여했다.

[질문]

요사이 어른을 존경하는 방식이 달라지고 있습니다.

다음 5가지 존경방식이 달라지는 데 대해서 귀하가 알고 있는 것, 보고 있는 것, 느끼고 있는 것을 자유로이 알려 주십시오.

* **어른을 돌보아드림으로써 존경함**

　　어떻게 달라지고 있습니까?

　　답:

---

* **어른 말씀에 순종함으로써 존경함**

　　어떻게 달라지고 있습니까?

　　답:

---

* **어른과 의논을 함으로써 존경함**

　　어떻게 달라지고 있습니까?

　　답:

---

* **어른을 먼저 대접함으로써 존경함**

　　어떻게 달라지고 있습니까?

답:

---

* <u>**어른에게 인사를 함으로써 존경함**</u>

어떻게 달라지고 있습니까?

답:

각 응답자를 5분간 면접하여 자료를 수집하였다.

[수집된 자료]

돌봄으로 하는 존경

응답 17명(38%), 무응답 28명(62%)

응답 내용 (요약)

* 별거하고 있어 부모님을 방문해서 돌보아드린다
* 직장 때문에 돌보아드리지 못해 남에게 부탁해서 돌보아 드린다.
* 내 집에 모셔와 돌보아드린다
* 스스로 돌보시도록 용돈을 드린다
* 요양보호사를 고용해서 돌보아드린다
* 요양원에 입원하셔서 돌봄을 받으시도록 하겠다.

순종으로 하는 존경

응답 26명(58%), 무응답 19명(42%)

응답 내용 (요약)

* 명령과 지시에 대해 복종하는 대신 공손한 태도로 존경해
  드린다
* 명령과 지시를 귀담아 들음으로써 존경해 드린다
* 명령과 지시에 대해 복종하는 대신 예의 바르게 친절히
  대해 드린다

의논으로 하는 존경

응답 13명(29%), 무응답 32명(71%)

응답 내용 (요약)

* 나와 가족의 문제를 의논해서 충고와 제안을 받아들인다.
* 경험과 지혜를 높이 받들면서 받아들인다.

먼저 대접해서 하는 존경

응답 16명(36%), 무응답 29명(64%)

응답 내용 (요약)

* 때와 장소에 따라 실행한다
* 존경을 받을 수 있는 분에게만 한다

인사를 해서 하는 존경

응답 32명(71%), 무응답 13명(29%)

응답 내용 (요약)

* 몸을 굽혀 절하는 대신 악수를 한다.
* 존경하는 말과 행동을 단순하게 한다.
* 길게 하는 인사를 짧게 한다.
* 나를 많이 낮추는 표현을 덜 낮추는 표현으로 한다.
* 나의 위신을 세우면서 존경한다

[총평]

수집한 질적 자료는 표본의 크기가 적어서 일반화하기 어려우나, 앞으로 이런 조사를 하는 연구자에게 참고가 될 수 있기를 바란다.

이 자료를 바탕으로 몇 가지 존경방식이 수정, 변경되는 방향을 감지할 수 있다.

3 가지 존경방식-돌봄으로 하는 존경, 의논해서 하는 존경, 먼저 대접해서 하는 존경-에 대해서는 달라져야 한다는 응답자 수가 적었다. 대다수 응답자는 이 방식들을 수정, 변화할 의향이 없는 것으로 시사된다. 추측건대 지금 실행하는 대로 하면 좋은 것으로 보는 것 같다.

하지만 2 가지 존경방식-순종을 해서 하는 존경과 인사를 해서 하는 존경-에 대해서는 대다수 응답자가 수정, 변경하고자 하는 의견을 다음과 같이 내세웠다.

순종으로 하는 존경에 대해서 응답자들의 과반수(약 60%)

가 순종, 복종으로부터 공손, 친절로 표현을 달리하고, 명령, 지시에 대해서 귀담아듣는 방식을 택하고 있다.

인사를 해서 하는 존경에 관해서는 70% 이상이 표현을 달리 한다고 답하였다. 즉 존경하는 행동을 단순하게 하고, 자신을 많이 낮추는 표현을 덜 낮추는 표현으로 하며 자신의 위신을 세우면서 존경한다고 답하였다.

이러한 답은 젊은이(30대~40대)의 공평하고 대등한 세대 간 교환에 대한 관심을 나타내며, 이들의 고령자에 대한 태도가 전통적인 가부장적이고 위계적인 차원에서 공평하고 민주적인 차원으로 변동하고 있음을 시사한다.

전통적 유교 문화에서 적용된 규범 이외의 새 시대의 사회적, 경제적, 국제문화적 요인들 때문에 이러한 변화가 일어나는 것으로 보인다.

전통문화의 바람직하지 못한 어두운(暗) 차원을 새 시대 생활에서 바람직하게 보는 밝은(明) 차원으로 수정, 변경하려는 의지를 표명하는 것으로 본다.

젊은이의 독립심과 자립 성향이 늘어날수록 이러한 변동은 지속, 파급될 것으로 본다.

앞으로 개인적 및 가족적 배경, 남녀 성별, 사회계층, 지역문화 등에 따라 어느 정도로 이러한 변화가 발생하며 나아가 이 변화가 부모·고령자 돌봄에 끼치는 영향을 조사할 필요가 있다.

부모존경: 수정과 지속

전통적 세대 관계를 벗어나 평등주의적이고 상호교환적으로 고령 세대와 젊은 세대가 서로 존중하는 호혜적 방향으로 나가고 있는 것으로 보인다.

사실 퇴계의 가르침과 같이 효는 어른과 젊은 세대가 서로 존중하며 돌보는 효자(孝慈)를 실행하는 것이다. 즉, 부모는 자녀를 인자하게 양육하며(慈), 자녀는 부모를 존경하며 돌보는 것(孝)이다. 부모·자녀 간의 호혜적 돌봄 관계이다.

일본과 중국의 다수 젊은이도 역시 이러한 관계를 이루면서 부모를 존경하고 있다(Sung & Yan, 2007; Sung & Hagiwara, 2009; 성규탁, 2011).

이러한 사실은 동아시아 나라 사람들의 부모존경과 관련된 공통의 문화적 속성을 반영한다고 볼 수 있다(조지현, 오세균, 양철호, 2012; 성규탁, 2011; Chow, 1995; Elliott & Campbell, 1993).

노년학자들은 존경의 표현이 수정되고 있지만, 부모·고령자 존경은 한국, 일본, 중국 그리고 홍콩, 대만, 싱가포르를 포함한 중국인 사회에서 여전히 중요한 사회적 가치로 존속하며 이 가치는 가족과 세대 관계를 공고히 하는 힘이 되고 있다고 본다(Chow, 1995; Xie, Defrain, Meredith, & Comb, 1996; Singapore Ministry of Community Development, 1996; Mehta, 1997; Sung & Yan, 2007; Sung & Hagiwara, 2009; 조지훈, 오세근, 양철호, 2012).

일본에서 노년연구를 한 K. Elliott 교수와 R. Campbell(1993) 교수는 동아시아 나라들 사이에 고령자를 대접하는 데 유사점이 있는 데 대해 다음과 같이 논하였다.

"한국과 중국의 문화적 맥락에서 볼 수 있는 부모존경 및 돌봄에 대한 자녀의 의무와 세대 관계는 일본에서도 역시 볼 수 있다. 이러한 공통점이 있는 이유는 동아시아 문화권에 속하는 세 나라가 유교의 윤리적 가치인 효로부터 영향을 받았기 때문이다."

제8장

존엄을 높이는
사회적 노력

고령자는 신체적, 정신적 및 사회적 어려움을 해소하기 위하여 돌봄서비스를 제공하는 사회복지 시설을 찾는다.

시설이 이분들을 돌보기 위해서는 돌봄서비스에 관한 지식과 기술만을 가지고는 부족하며, 마음속에서 우러나는 인간적 정으로써 존엄성을 받들어 주어야 한다.

하지만 돌봄이 실천되는 사회현장에서는 이렇게 존엄성을 고양하는 데 어려움을 겪는 경우가 허다하다.

예컨대 돌봄을 받는 고령자를 물건으로 취급한다든지, 서류 작성에 필요한 자료로 본다든지, 보고서에 넣을 숫자로 취급한다든지, 어린이나 볼품이 없는 존재로 본다든지, 정상이 아닌 이단적이라고 보는 경우가 흔히 있다.

하지만 이와는 반대로 이분들을 인격과 권리를 간직한다고 보고, 경험과 지혜를 갖춘 분으로 보고, 가족과 사회에 이바지한 분으로 보고, 어른 또는 성숙한 성인으로 보고, 돌봄 과업에 동참한다고 보면서 존엄성을 높이는 경우도 물론 있다.

돌봄서비스를 제공하는 시설은 이와 같은 대조적인 시각을 염두에 두고 다음과 같은 불상사를 예방해 나가야 하겠다.

노고객을 사람이 아닌 물건으로 취급한다면 그분은 무력화되고, 좌절되고, 불안 속에 휘말리게 된다. 그분이 공간(空間)으로 취급된다면 돌봄을 받지 못하게 된다. 그분이 어린이로 취급된다면 돌봄 제공자와 동등한 인간적 관계가 이루지 못하게 된다. 정상적이 아닌 괴상한 사람으로 취급한다면 그분은 자기 존중감을 상실하고 제공자를 불신하게 될 것이다.

다양한 문제를 가진 고령의 고객을 돌보는 데는 기적적인 방법은 없다. 어려운 상황에서도 시설의 돌봄 제공자는 이와 같은 비윤리적 상황이 일어나지 않도록 최선을 다해야 한다.

돌봄을 제공하는 데 있어 노고객의 존엄성을 해치는 경우와 높이는 경우를 식별해야 한다.

돌봄 제공과정에서 다음 4가지 항목에 걸쳐 존엄을 손상할 수 있다.

* 고령자를 물건이나 숫자로 취급함

고령의 고객을 인간으로 보지 않고 한 건의 서류, 접수 번호 또는 업적보고를 위한 숫자로 취급하는 경우이다. 돌봄을 받기 전에 돌봄을 받는 대상자로 접수 번호가 매겨진다. 이 과정에서 표준화된 돌봄 절차에 맞아 들어가는 하나의 건수, 숫자, 물건으로 취급되어 버리는 것이다.

* 고령자를 비어있는 공간으로 취급함

시설은 운영자원이 부족하여 돌봄 업무의 우선순위를 미리 정하여 처리해 나간다. 그래서 고객의 문제가 악화하거나 심각해야만 만나 주게 된다. 이런 맥락에서 노고객이 돌봄을 요청하여도 제공자와 시설 당국은 이 요청을 감지하지 못하고, 응답하지 않고, 만나 주지 않는 것이다. 이 때문에 고통을 받는 노고객은 무시당하고 방치상태에 놓이게 된다. 그래서 마치 비어있는 공간으로 취급되는 것이다.

* 고령자를 어린이나 힘없는 약자로 취급함

고령의 고객은 그분이 오랜 세월에 걸쳐 쌓은 경험, 지식, 능력이 무시당하고, 마치 어린이나 힘없는 존재로 취급되는 때가 있다. 제공자는 노고객을 이렇게 취급하기 때문에 그가 이 고령자보다 힘이 더 있고 우세한 지위에 있는 것으로 생각하게 된다. 제공자가 이런 태도를 보이게 되면 그와 노고객 간 관계의 균형이 무너지고 만다. 고객은 약한 사람으로 무시당하고, 인격이 격하되고, 힘없는 어린이와 같이 취급되는 것이다.

* 정상적인 사람으로 취급되지 않음

여러 가지 문제를 갖고 어려움에 신음하는 노고객은 사회적 규범과 관습에 맞는 몸가짐을 가지며 정상적 생활을 하지 못하는 경우가 있다. 이런 노고객이 찾아오면 이분을 옳은 정신을 갖지 않은 이상한 사람 또는 이단자로 취급한다. 옷차림이 단정하지 못하다, 몸이 불결하고 냄새가 난다, 사회적으로 바람직하지 못하다, 법을 어기는 위법자다 등의 부정적인 낙인을 찍는다. 노고객은 이렇게 낙인이 찍히게 되어 무시당하고 배척당하며 심지어는 위험한 또는 두려운 사람으로 취급당한다.

위와 같은 비윤리적이며 비도덕적인 태도와 행동은 노고객의 존엄을 해치게 된다.

이와 대조적으로 존엄성을 높일 수 있다. 존엄성을 고양하기 위해 돌봄 제공자는 다음을 실행할 수 있다.

* 노고객이 존엄을 간직한 사람이라는 사실을 염두에 둔다.
* 노고객의 가치관을 존중한다.
* 노고객에게 도덕적 태도와 행동을 한다.
* 노고객의 문제를 그분의 이야기를 다 듣고 나서 판단한다.
* 노고객이 알 수 있고 받아들일 수 있게 분명하게 말한다.
* 노고객을 비판하거나 강의식으로 말하지 않는다.
* 노고객의 가족문화, 성별, 나이를 염두에 두되 어디까지나 공평하게 대한다.
* 노고객을 도와주는 행동을 적극적으로 한다.
* 노고객의 문제를 무시하거나 가볍게 보지 않는다.
* 나의 가치관을 노고객에게 적용하지 않는다.
* 노고객을 존경한다. 그러면 그분은 자유롭게 이야기하게

되고 돌봄 과정에서 제공자와 협조하게 된다.

* 노고객의 사회적 참여를 돕는다. 참여치 못함으로 생기는
고독, 사회적 배제, 심지어는 자살은 존엄성을 훼손하는
심각한 문제이다.

제9장

한국인의 문화적 성향과 고령자 돌봄: 존엄성을 높이는 접근

한국인의 다음과 같은 문화적 성향을 신중히 참작하여 고령자를 돌봄으로써 이분들의 존엄을 높일 수 있다고 본다.

1) 겸손하게 돌봄
2) 체면을 존중함
3) 가족 관계를 중시함

위의 각 성향이 한국 문화적 맥락에서 고령자에게 돌봄을 제공하는 데 미치는 영향에 대한 경험적 조사자료는 희소한 실정이다.

위의 3가지 성향이 돌봄전달과정에 반영되어 마땅한 돌봄을 제공하는 상황과 돌봄 제공자가 유의해야 할 사항을 탐험적으로 살펴보고자 한다.

1. 노고객을 겸손하게 돌봄

겸손을 중시하는 성향은 남에 대한 겸손과 양보가 미덕시되는 우리 문화의 특성이다(최상진, 2012: 51; 송성자, 1997).

겸손은 사람을 존중하는 가치이다. 겸손한 사람은 오만하지 않고, 나를 낮추고, 남을 높이며, 남의 의견을 기꺼이 받아들이는 언행(言行)을 한다.

사회적 변동에도 불구하고 겸손의 중요성이 더해가는 경향이다(나은영, 차유리, 2011; 한국갤럽 Gallup Report, 2011. 01. 31, 한국인의 효).

겸손은 흔히 물(水)로 비유한다. 물은 언제나 높은 곳에서 낮은 곳으로 흘러간다. 높아지는 것은 내려가는 것을 통해서 이루어지는 것이다. 이 말은 다음과 같은 기독교 성경의 가르침을 상기시킨다.

"무릇 자기를 높이는 자는 낮아지고 자기를 낮추는 자는 높아지리라"(누가복음 14:11).

이처럼 겸손은 자신보다 낮은 데 있는 사람을 존중하는 성향이다. 이러한 성향으로 고령자를 돌봄으로써 이분의 존엄성을 늘일 수 있다.

돌봄 제공자가 유의할 점

겸손한 노고객은 자기와 가족의 문제, 돌봄서비스 제공자에게 부담이 될 수 있는 문제, 남에게 부끄럽거나 체면을 손상할 문제를 축소하거나 진술치 않는 경우가 있다.

제공자는 노고객이 자기와 솔직하고 열린 대화를 하도록 이끌어야 한다. 그분이 말하는 데 힘과 자신감을 느끼도록 지지해 주어야 한다.

제공자가 할 첫째 요건은 노고객을 존경하는 것이다. 즉, 그분에 대해 관심을 가지고, 중요시하고, 도움이 되는 것을 해주고자 하는 성의를 보이는 것이다.

다음과 같은 겸손한 행동을 하는 것이 바람직하다.

* 노고객에게 존경하는 호칭을 사용하여 정중히 인사한다.
  [호칭: 어르신, 선생님, 부인, 과장님, 박사님, 기사님 등]
* 돌봄이 필요한 데 관해 물어본다.
* 쉬운 말로 천천히 정확하게 말한다.
* 그분의 말을 이해하려고 노력한다.
* 그분의 청력을 파악해서 내가 할 말의 크기와 속도를 조절한다.
* 존경하는 마음이 말에 담기도록 공손히 말한다.

우리의 문화적 맥락에서는 어느 돌봄 세팅에서나 적어도 위와 같은 사항을 지키는 것이 고객에게 겸손하게 예의를 표하는 언행으로 되어있다.

바람직한 개입은 위와 같이 겸손하게 노고객을 존경하며 이분의 존엄성을 높임으로써 이루어질 수 있다고 본다.

2. 고령자의 체면을 중시함

한국인은 체면치레를 중요시한다. 체면치레는 다른 사람으로부터 바람직하다고 인정받고자 하는 심리작용이다(최상진, 유승엽, 1992).

사회관계에서 예의를 지키고, 신뢰성 있게 행동하고, 언행을 진실하게 하고, 경위가 바르게 행동해서 품위를 세우는 것이 체면을 유지하는 방편이다(임태섭, 1994).

체면은 수치감 및 분노와 연계되어 있다. 심리학자 B. Lewis(2005)는 수치감은 체면을 지키지 못할 때 생기는 심리적 현상이며, 수치감을 해결하지 못하면 분노를 발생하게 된다고 했다. 그래서 노고객의 체면을 받들어 주는 것이 매우 중요하다.

돌봄 제공자가 유의할 점

모름지기 헐벗고, 몸에서 냄새가 나는 노고객을 대할 때나, 손에 보석 반지를 끼고 향수 냄새를 풍기는 노고객을 대할 때나, 똑같이 존경하는 심정으로 도와주어야 한다. 노고객을 인격자요 소중한 동포로 대하고, 존댓말을 하고, 가부장인 그의 체면을 세워주어, 그가 수치감을 느끼지 않도록 해야 한다.

Erikson(1993)이 말한 대로 고객이 수치심을 극복하고 체면

문제를 이겨내는 힘을 갖추어 주기 위해 그의 의지력을 북돋우어 주어야 한다.

노고객은 흔히 질문을 받고 자기방어를 하면서 참말을 하지 않거나 말할 주제에 대해 간략히 줄여 말해버리는 수가 있다. 노고객이 독자적인 결단을 회피하고 제공자에게 결정을 맡기는 경우가 흔하다. 그리고 제공자 앞에서 함부로 이야기하기를 꺼리고 점잔을 빼는 수가 있다. 그럼으로써 얌전하고 품위가 있는 사람으로 인정받고자 하는 것이다.

솔직하고 열린 대화를 하도록 이끌어야 한다. 그분이 말하는 데 힘과 자신감을 느끼도록 지지해 주어야 한다.

그리고는 Rogers(1961)가 권고한 대로 마음을 열어 따뜻하고 너그럽게 받아들이는 것이다. 그럼으로써 그분의 체면을 지켜 줄 수 있다.

3. 고령자의 가족 관계를 중시함

가족법의 개정, 핵가족화의 심화, 저출산, 고령화, IT의 생활화, 교통수단의 발달은 가족생활에 큰 영향을 미쳤다.

하지만 제도로서의 가족에 대한 가치관과 태도의 측면에서는 아직도 전통적 색채를 유지하는 경향이 짙다(최연실 외, 2015: 38~39; 최재석, 2009; 신용하, 2004). 다수 가족은 가족 중심적 가치관과 생활 태도를 여전히 공유하고 있다. 젊은 세대도 가족에 대한 태도나 관계 측면에서 전통적 가족 가치관의 존재를 인정하고 있다(한국갤럽, 2011, 01, 31).

고령 세대는 나이가 낮은 세대보다 가족에 대한 전통적 가치관을 가지는 경향이 짙다(한경혜, 성미애, 진미정, 2014 : 93).

가족은 떨어져 살면서도 친밀한 관계를 유지하며 부모의 핵가족, 아들의 핵가족, 딸의 핵가족, 손자녀의 핵가족이 서로 연계되어 가족 망을 이루고, 이 망 안에서 서로를 돌보아 나간다.

부자, 부부, 형제자매 관계는 강하여서 각각의 성원은 기초적 욕구를 충족하기 위해 서로 의존하면서 돌보아 나간다. 이런 의존성향은 가족 중심적 현상이라고 볼 수 있다.

가족 중심적 생활을 하므로 가족 내에 '우리'의 소문화(小文化)가 생성한다. 이 소문화 속에서 가족 나름의 가치와 위계질서가 이루어진다.

우리 사회의 부모와 고령자는 이런 가족 문화적 맥락에서 생을 이룩하고 있다.

돌봄 제공자가 유의할 점

노고객의 가족 중심적 성향을 이해해야 한다. 돌봄 목표를 가족 중심적으로 설정하면 개입이 더 쉽게 진행될 수 있다. 가족원들의 서로에 대한 책임과 돌봄 관계를 강조함으로써 개입을 효과적으로 이루어 나갈 수 있다(송성자, 1997; 이승호, 신유미, 2018).

노고객을 개별적으로 다루어야 하지만, 이분이 가족이라는 소집단의 한 사람임을 인식해야 한다. 이분의 개인적 목표와 함께 다른 가족원의 목표도 고려해야 한다. 주요 관심의 대상을 가족 전체로 해야 한다. 즉, 전체가족의 위상을 존중하면서 가족의 구조와 소통체계를 다루어야 한다(송성자, 1997; Gambrill & Gibbs, 2017).

제공자가 원하는 변화는 노고객 개인의 태도, 느낌, 감정 및 행동이 달라지고, 이분이 처해 있는 환경의 어떤 특성을 바람직하게 바꾸는 것이다. 그리고 가족체계 전체의 긍정적 변화를 이루는 것이다. 즉, 가족체계 내 소문화 속의 개인의 가치관, 상호관계, 소통형태, 권력 구조 및 의사결정과정을 바꾸는 것이 목적이다(Simmel, 2008).

부모·고령자의 가족체계 내 가부장 또는 우두머리로서의 권위를 존중해야 한다. 이분에게 다른 가족원보다 위의 자리를 주고, 먼저 말할 기회를 주고, 존댓말을 사용해야 한다. 이렇게 하여 그의 체면을 세워주어야 한다. 그의 체면이 손상되면 가족 전체의 협조를 얻기가 어렵다. 우선 우두머리인 그가 돌봄서비스를 받지 않으려 한다. 그의 권위가 가족에게 해가 될 때는 이를 조심스럽게 수정해 나가도록 한다. 개입이 끝나면 그 가족은 나름의 체면, 품위, 존엄을 갖춘 하나의 가부장 또는 우두머리 중심의 소집단체계로 존속해 나아가도록 하는 것이다.

가족은 외면적으로 나타나지 않는 힘을 가지고 있다. 즉, 부부, 자녀 등 친족을 친밀하게 결합하는 애정, 존중 및 측은지심이다. 이런 힘에다 가족의 명예와 위신을 세워 사회적으로 올바른 일을 하려는 부모·고령자의 욕구는 돌봄 제공에 도움이 될 수 있다. 이런 역동적인 작용을 노고객의 변화를 위해 활용해야 한다고 본다.

이어지는 전통적 가치

부모를 포함한 고령자를 존경함은 한국인을 포함한 동아시아 사람들이 오랜 세월에 걸쳐 중요하다, 올바르다고 믿어온 문화적 가치이다.

종교의 가르침과 인륜과 예절을 교시한 전통 문헌은 이 가치를 사람이 행할 가장 중요한 덕목으로 정의하였고, 새 시대 성인 자녀에 대한 경험적 조사에서도 이 가치가 으뜸가는 효행으로 드러났다.

전통적으로 가부장적이고 권위주의적이며 젊은 세대와 여성을 차별, 비하하는 어두운(暗) 차원의 문화적 관습은 새 시대에 민주적, 호혜적인 세대 간 상호 존중하는 밝은(明) 차원으로 수정되고 있음이 드러나고 있다.

이러한 맥락에서 존경의 가치를 발현하는 방식이 수정되고 있지만, 이 책에서 제시한 바와 같이 경험적 자료는 성인 자녀 사이에 이 가치가 여전히 중요시되며 실현되고 있다.

이 사실은 한국의 부모·고령자는 일반적으로 존경받는 문화적 환경에서 생을 이루고 있음을 시사한다.

퇴계가 교시한 바와 같이 노소 세대 관계를 서로 존중하며 서로 돌보는 공평하고 호혜적인 관계로 발전시켜 나가는 과제를 슬기롭게 풀어나가야 할 것으로 본다.

사회에 이바지하고자 하는 부모와 고령자

새 시대의 부모를 포함한 고령자의 다수는 자기 자신들에게 뜻있는 활동을 함과 아울러 공동사회를 위해 각자의 방식으로 이바지하고자 한다.

평생 축적한 지식, 경험 및 지혜를 간직하며 고도의 기술과 탁월한 능력을 소지하는 이분들은 우리 사회가 필요로 하는 다양한 활동을 할 수 있다.

이들 중 상당수는 자원봉사를 하면서 이웃을 지원하며 돌보고, 아동과 청소년을 보호, 지도하고, 자연과 환경을 가꾸며 보존하고, 사회에 지식과 경험을 전수하고, 사회정의와 공정한 정치를 위해 활동하고 있다.

이런 공적 활동을 하는 한편 개인 지향적 활동을 한다. 종교적 신앙을 높이고, 관심 있는 분야의 공부를 하고, 저서와 서화를 펴내고, 운동과 레크리에이션을 하고, 유적 탐방과 여행을 하며 보람이 있는 생을 이룩한다.

부모와 고령자의 다수는 이처럼 자기 자신들에게 뜻있는 활동을 함과 아울러 공동사회를 위해 이바지하고자 한다.

이분들의 삶은 존경과 존엄에 대한 바람으로 차 있다.

Toynbee 경의 다음 말을 되풀이 하고자 한다.

"한 나라의 문명화된 정도를 알려면 그 나라에서 고령자가 존중되는 것을 보면 알 수 있다."

찾아보기

ㄱ

가장 자주 실행한 존경방식 75
가족 9, 12, 13, 22, 41, 55, 101, 102
가족 관계 7, 95
가족 중심 51, 99, 100
가족적 돌봄 51
가족적 효 51
가치 6, 7, 9, 10, 21, 29, 30, 35, 57,
    60, 61, 82, 103, 103
간(諫) 8, 50, 60, 82
거유(巨儒) 36
겸손 35, 96, 97
겸손하게 돌봄 95
경로(敬老) 22, 50
경로당 28
경로헌장 61
고려장(高麗葬) 58
고령자의 가족 관계 99
공동사회 30, 104
공생(共生) 59
공익단체 51
긍정적 시각(존엄에 대한) 55
기로국 58
길러준 은혜 44

ㄴ

노고객 88, 89, 90, 91, 96, 97, 98,
    99, 101
노인(老人) 15, 28, 58, 59, 61
노인복지법 28, 61
노화(老化) 59
능양(能養) 49

ㄷ

대만 21, 27, 28, 60, 82
도덕성 13
돌봄 8, 10, 12, 30, 49, 51, 57, 74,
    87, 88, 95, 97
돌봄서비스 14, 23, 56, 57, 58, 87,
    101
동아시아 나라들 60
동일체감(同一體感) 42

ㅁ

마드리드 선언(The Madrid Declara-
    tion: International Plan of
    Action on Ageing, 2002) 61
맹자 36
맹자(孟子) 36
맺는말 103
문화적 가치 6, 8, 37, 60, 103
문화적 맥락 10, 27, 29, 83, 95, 100
문화적 성향 95
문화적 속성 28, 82

ㅂ

박애(博愛) 29
보은의식 41, 43
부모에 대한 존경 29, 30, 36
부모 은혜 29, 43, 68
부모존경: 수정과 지속 82
부자유친(父子有親) 45
부정적 시각 (존엄에 대한) 14, 59
비(悲) 30

ㅅ

사비밀 62, 73
사인여천 29
사회구조 27, 29
사회복지 돌봄 56
사회서비스 28
사회적 노력 9, 61
사회적 돌봄 51
사회적 효 51
사회화 28, 41, 59
상호관계 101
생산의 은혜 44
서(恕) 42
서양 사회 22
성인 자녀 6, 7, 9, 12, 65, 103
수단적 돌봄 30, 75
시대적 변화 12, 60
싱가포르 21, 60, 82

ㅇ

IAGG(International Association of
    Gerontology & Geriatrics) 15
연계(가족적 효와 사회적 효의) 9,
    98, 100
애정 42, 51

예 28, 49
예기(禮記) 35
오바스테(姨捨) 58
유교 문화
유교 문화권
유교적 가치
유교경전 49
유인(孺人) 37
유학(留學) 30
윤리적 가치 83
의존 45, 100
이타적 가치 35
인(仁) 30, 37, 42, 56
인간관계 45
인간애 30, 37
인간적 정 87
인간존중 37
인간화 58
인륜(人倫) 103
인정(人情) 41

ㅈ

자비(慈悲) 29
전통의 지속 23
전통적 가치 6, 10, 14, 22, 28
정(情) 41
정서적 돌봄 30
존경: 효의 중심적 표현 34
존경과 돌봄 42
존경방식 13, 14, 71, 74, 75, 76, 77
존경의 표현방식 조사 72
종교의 가르침 6, 29, 103
존엄성 11, 13, 55, 57, 59, 87, 88,
    91, 96, 98
존엄성을 높이는 경우 87

존엄을 높이는 사회적 노력 6, 11
존엄성을 높이는 접근 95
존엄성을 해치는 경우 57
존중 7, 12, 29, 42, 57, 58, 82, 96,
    101, 103, 104
증자(曾子) 36

ㅊ
책임감 43, 68
측은지심 37, 42, 43, 44, 102
친밀감 41, 43
친척 45

ㅎ
한국 8, 22, 27, 28, 37, 60, 61, 83,
    103

헬싱키선언(The Helsinki Declara
    tion: The World Medical
    Association) 62
현대인의 부모존경 65
혈육의식 42, 43
형제자매 30, 45
효경(孝經) 36
호혜적 관계 7, 42
호혜적 돌봄 82
효(孝) 6, 8, 9, 11, 14, 21, 29, 30,
    35, 36, 49, 50, 51, 65, 69, 82
효의 중심 36
효행상 13, 65, 66
효친(孝親) 50
효행장려법 61

국내

교육과학기술부, 2011, 도덕과 교육과정 교육과학기술부 고시 제 2011-361호 (별책 6).

권중돈, 2004~2022, 노인복지론(7판), 학지사.

금장태, 2012, 퇴계평전: 인간의 길을 밝혀 준 스승, 지식과 교양.

금장태, 2001, 퇴계의 삶과 철학, 서울대학교 출판부.

김낙진, 2004, 의리의 윤리와 한국의 유교 문화, 집문당.

김동배, 2014, 노인과 자원봉사. 한국노년학회(편), 노년학의 이해 (254-264), 서울: 도서출판 대영문화사.

김명일, 김순은, 2019, 노년기 부모 자녀 결속 유형과 삶의 만족에 관한 연구, 한국노년학, 39(1), 145-167.

김미혜 외, 2015, 재가 노인복지 20년, 도전과 대응. 서울, 노인연구정보센터.

김미해, 권금주, 2008, 며느리의 노인학대 과정에 관한 연구. 한국노년학, 28(3), 403-424.

김영란, 황정임, 최진희, 김은경, 2016, 부자 가족의 가족역량 강화를 위한 지원방안 연구. 한국여성정책연구원.

김인자 외, 2008, 긍정심리학, 물푸래.

나병균, 1985, 향약과 사회보장의 관계, 사회복지학회지, 7호, 21-50.

나은영, 차유리, 2011, 한국인의 가치관 변화 추이,

한국심리학회지: 사회와 성격, 2010, 24(4), 63-93.

남석인 외, 2018, 사회복지사의 비윤리적 행위에 대한 대응책 개발, 한국사회복지행정학, 20(4), 139-174.

노인복지법 [법률 제3453호, 1981년 공포]

논어(論語), 1997, 이가원 감수, 홍신문화사.

대한노인회, 2016, 경로당 활성화 실태조사.

대한민국국회교육과학기술위원회, 2012, 교육비 부담현황 보고서.

도성달, 2012, 윤리, 세상을 만나다, 한국중앙연구원.

도성달, 2013, 윤리, 세상을 만나다, 한국중앙연구원.

류승국, 1995, 효와 인륜 사회. 효사상과 미래사회, 한국정신문화연구원.

맹자(孟子), 1994, 이가원 감수, 홍신문화사.

모선희, 2000, 효 윤리의 현황과 과제, 현대사회와 효의 실천방안, 한국노인문제연구소.

박상철, 2019, 당신의 100세: 존엄과 독립을 생각한다. Korea.Com.

박영란, 2000, 효 관련 연구의 현황과 과제, 현대사회와 효의 실천방안, 한국노인문제연구소.

박영란, 2020, 노인 인권 보호 증진 활동 현황과 노인단체의 역할 (주제발표), 선진복지사회연구회, 7-40.

박재간, 1989, 전통적 사상과 현대적 의의, 전통윤리의 현대적 조명, 한국정신문화연구원.

박종홍, 1960, 퇴계의 인간과 사상. 국제문화연구소, 世界 2권, 4호.

보건복지부, 2007, 노인학대상담사업 현황 보고서.

보건복지부, 2014~2008년도 노인실태조사: 전국노인생활실태 및 복지욕구 조사.

복지저널, 2018.10(제122호), 민·관 협력으로 커뮤니티 케어 완성하자, 한국사회복지협의회.

부모은중경(父母恩重經), 1994, 권오석(역해), 홍신문화사.

성규탁, 1989, 현대한국인의 효행에 관한 연구, 한국노년학, 9, 28-43.

성규탁, 1990, 한국노인의 가족 중심적 상호부조망, 한국노년학, 9, 28-43.

성규탁, 1994, 한국인의 가족 지향성, 현대사회와 사회사업, 우계어윤배박사회갑기념논문, 7-28.

성규탁, 2000, 노인을 위한 가족의 지원: 비교문화적 고찰, 사회복지, 45, 175-192.

성규탁 2001. 어른존경방식에 대한 탐험적 연구. 한국노년학, 21(2), 125-139.

성규탁, 2005, 현대 한국인의 효: 전통의 지속과 표현의 변화, 집문당. [대한민국학술원선정 우수도서]

성규탁, 2010, 한국인의 효 I, II, III, IV, V, 학술정보사.

성규탁, 2013, '부모님, 선생님 고맙습니다'로 시작하는 효, 학술정보사.

성규탁, 2017, 효행에 관한 조사연구, 지문당.

성규탁, 2019, 부모님을 위한 돌봄, 학술정보사.

성규탁, 2021, 새 시대 한국인의 효, 학술정보사.

성규탁, 2021, 한국사회복지조직의 성장과 과제: 인간화와 다공화, 학술정보사.

성서

손인수, 1992, 한국인의 가치관, 교육 가치관의 재발견, 문음사.

손인수 외, 1977, 한국인의 인간관, 삼화서적주식회사.

송복, 1999, 동양의 가치란 무엇인가: 논어의 세계, 미래인력연구센터.

송성자, 1997, 한국문화와 가족치료, 한국사회복지학, 32권, 160-180.

신수정, 1999, 한국의 사회변동과 가족주의 전통, 한국가족관계학회지, 4(1), 165-192.

신용하, 2004, 21세기 한국 사회와 공동체 문화, 지식산업사.

신용하, 장경섭, 1996, 21세기 한국의 가족과 공동체 문화, 집문당.

신환철, 1995, 인간화를 위한 관료제 개혁, 사회과학연구, 21(95-2), 25-46.

심미옥, 2003, 초등학교 학부모의 자녀지원 활동에 관한 연구, 초등교육연구, 16(2), 333-358.

양옥경 외, 2018, 사회복지실천론, 나남. (5판)

예기(禮記), 1993, 권오순 역해, 홍신문화사.

윤경아, 이윤화, 2000, 장애 노인의 사회복지서비스 욕구에 관한 연구, 한국노년학, 20(3), 77-91.

윤사순, 2008, 퇴계 이황, 예문동양사상연구원.

윤태림, 1970, 한국인의 의식구조, 서울, 문음사.

이광규, 1990, 한국가족의 구조분석, 일지사.

이광규, 김태현, 최성재, 조흥식, 김규원. 1996. 가족의 관계 역동성과 문제 인식. 아산재단연구초서 제29집.

이수원, 한국인의 인간관계 구조와 정, 교육논총, 1, 1984. 5, 95-125.

이순민, 2016, 사회복지윤리와 철학, 학지사.

이승호, 신윤미, 2018, 공적 돌봄과 가족 돌봄의 종단적 관계:재가 노인 돌봄을 중심으로, 한국노년학, 38(4), 1035-1055.

이여봉, 2017, 가족 안의 사회, 사회 안의 가족, 양서원.

이이, 율곡전서, 국역, 1985, 한국정신문화연구원, 권 19.

이황(李滉), 윤사순 역주, 2014, 퇴계선집, 현암사.

이황(李滉), 이광호 옮김, 1987, 성학십도, 홍익출판사.

이황(李滉), 장기근 역해, 2003, 퇴계집(退溪集), 홍신문화사.

이희경, 2010, 유아교육 개론, 태양출판사.

일본사회복지사윤리강령, 2006.

일본 민법 Ⅳ, 친족상속법.

임진영, 2003, 어머니의 양육 태도와 아동의 자아개념이 아동의 대인관계에 주는 영향, 초등교육연구, 16(1), 379-399.

임태섭, 1994, 체면의 구조와 체면 욕구의 결정요인에 대한 연구, 한국언론학보 32호, 207-247.

정경배, 1999, 21세기 노인복지정책 방향. 노인복지정책연구, 한국보건사회 연구원.

정경희, 강은나, 2016, 한국노인의 사회적 연계망 유형, 한국노년학(3), 765-783.

정순목, 1990, 퇴계의 교육철학, 지식산업사.

정현숙, 옥선화, 2015, 가족 관계, KNOU Press.

조지현, 오세균, 양철호, 2012, 아시아 4개국의 노인부양의식 및 노인부양행위에 관한 비교연구, 사회연구, 통권 22호, 7-42.

중용(中庸), 2000, 이가원 (감수), 홍신문화사.

지교훈, 1989, 한민족의 정신사적 기초, 한국정신문화연구원.

최문형, 한국전통사상의 탐구와 전망, 2004, 경인문화사, 336-348.

최상진, 유승엽, 1992, 한국인의 체면에 대한 사회심리학적 분석, 한국심리학회지: 사회 및 성격, 6(2), 137-157.

최상진, 2012, 한국인의 심리학, 학지사.

최상진, 사회적 측면에서 본 한국인의 인간관계, 중앙대문리대학보, 43,

1985, 26-31.
최상진, 김기범, 2011, 문화심리학-현대한국인의 심리분석, 지식산업사.
최연실 외(15인), 2015, 한국가족을 말한다: 현상과 쟁점, 도서출판 하
우.
최재석, 1982, 한국가족연구, 일지사.
최재석, 1994, 한국가족연구, 일지사.
최재석, 2009, 한국의 가족과 사회, 경인문화사.
최재성, 2016, 노인요양원과 문화변화, 아산재단연구총서, 집문당.
최정혜, 1998, 기혼자녀의 효 의식, 가족주의 및 부모부양의식, 한국노
년학, 18(2), 47-63.
최혜경, 2006, 가족법 개정 운동에 비춰 본 한국의 가족제도, 오늘의 한
국가족 어디로 가고 있나? 아산사회복지재단 29.
한경혜, 성미애, 진미정, 2014, 가족발달, KNOU Press.
한경해, 주지현, 이정화, 2008, 조손 가족 조모가 경험하는 손자녀 가족
의 보상과 비용, 한국노년학, 28(4).
한국가족문화원, 2005, 21세기 한국가족: 문제와 대안. 경문사.
한국갤럽, 2011, 01 31, 한국인이 효.
한국보건사회연구원, 전경희 외, 2012, 2011년도 노인실태조사.
한국보건사회연구원, 2016, 가족 형태 다변화에 따른 부양체계변화 전
망과 공사 간 부양 부담방안(책임연구원 김유경).
한국사회복지학회, 2015, 한국사회복지교육, 신정.
한국사회복지사협회 윤리강령, 2012.
한동희, 2002, 노인학대의 의미와 사회적 개입에 대한 노인들의 인식연
구, 한국사회복지학, 50, 193-208.
한정란, 2003, 청소년들의 노인에 대한 태도 연구, 한국노년학, 23(4),
181-195.
한형수, 2011, 한국 사회 도시 노인의 삶의 질 연구, 청록출판사.
황진수, 2011, 노인복지론, 공동체.
효경(孝經), 1989, 박일봉(편역), 육문사.
효행장려법, [법령 제15190호] 2017년 공포.

국외

Business Korea, May 1, 2020.

Chow, N., 1995. Filial piety in Asian Chinese communities. Paper presented at 5th Asia/Oceania Regional Congress of Gerontology, Honk Kong, 20 November.

Connidis, I. A., 2009, Family ties and aging. Sage.

Cox, H. G., 1990. Roles for aged individuals in post-industrial societies, International Journal of Aging and Human Development 30: 55-62.

Dillon, R. S., 1992. Respect and care: Toward moral integration. Canadian Journal of Philosophy 22.

Disch, R., Doborof, R., & Moody(Eds.), 1998. Dignity and old age. New York: Haworth Press.

Doty, P., 1986. Family care for the elderly, The role of public policy. The Milbunk Quarterly 64: 34-75.

Downie, R. S., & Telfer, E., 1969. Respect for persons. London: Allen and Unwin.

Elliott, K. S., & Campbell, R. (1993). Changing ideas about family care for the elderly in Japan. Journal of Cross-Cultural Gerontology 8, 119-135.

Erikson, E. H., 1993. Childhood and society. New York: Norton.

Gambrill, E., & Gibbs, L., 2017. Critical thinking for helping professionals: A skill-based workbook. London: Oxford University Press.

Ghusn, H. M., Hyde, D., Stevens, E. S., Hyde, M., & Teasdale, T. A., 1996, Enhancing life satisfaction in later life: What makes a difference for nursing home residents? Journal of Gerontological Social Work 26, 27-47.

Goldstein, H., 1998. Education for ethical dilemmas in social work practice. Families in Society, May-June, 241-253.

Hasenfeld, Y., 1985, 성규탁 역. Human service organizations. Englewood Cliffs: Prentice Hall. 박영사.

Hasenfeld, Y., 2009. Human services as complex organizations. Sage.

Helsinki Declaration (The), The World Medical Association

IAGG(International Association of Gerontology & Geriatrics), 2013, 23-27, 20th World Congress Proceedings, Seoul, Korea.

Koyano, W., 2000, Filial Piety, Co-residence, and Intergenerational Solidarity in Japan. (In) Who should care for the Elderly? An East West Value Divide, W. T. Liu & H. Kendig (Eds.), Chapter 10. Singapore: Singapore Univ. Press.

Levy, B. R., 1999, The Inner Self of the Japanese Elderly. International Journal of Aging & Human Development 48, 131-144.

Lewis, R. A., 2005. What do you stand for? MN: For Kids. Free Spirit Publishing.

Litwak, E., 1985. Helping the elderly: The complementary networks & formal systems, New York: The Gulford Press.

Madrid Declaration (The): International Plan of Action on Ageing, 2002.

Mehta, K., 1997. Respect redefined: Focus group insight from Singapore, International Journal of Aging and Human Development 44, 205-219.

Myrdal, G., 1958. Value in social theory, P. Streeten, (Ed.). New York: Harper.

NASW(National Association of Social Workers, U.S.A.), 2012. Code of Ethics.

Palmore, E. B., 1989. Ageism: Negative and Positive. New York: Springer.

Pillemer, K. A., & Finkelhor, D., 1988. The prevalence of elder abuse. The Gerontologist 28, 51-57.

Rawls, J., 2005. A Theory of Justice. Cambridge, MA: Harvard Univ. Press.

Rogers, C., 1961. On becoming a person, Boston: Houghton Mifflin.

Roland, A., 1989, In Search of Self in India and Japan. Princeton University Press.

Simmel, O. S., 2008. The web of group affiliation. New York: Free

Press.

Singapore Statues Online, 2020, Maintenance of Parents Act(Chapter 167B).

Singapore Ministry of Community Development, 1996, Report of Advisory Council on the Aged. Singapore, The Author

Streib, G. F., 1987. Old age in sociocultural context: China and the United States. Journal of Aging Studies 7, 95-112.

Sung, K. T.(성규탁), 1990. A new look at filial piety: Ideals and practice of family-centered parent care in Korea. The Gerontologist 30, 610-617.

Sung, K. T., 1992. Motivations for parent care: The case of filial children in Korea. International Journal of Aging and Human Development 34, 179-194.

Sung, K. T., 1995. Measures and dimensions of filial piety. The Gerontologist 35, 240-247.

Sung, K. T., 1998. An exploration of actions of filial piety. Journal of Aging Studies 12, 369-386.

Sung, K. T., 2001. Family support for the elderly in Korea. Journal of Aging and Social Policy 12, 65-79.

Sung, K. T., & Dunkle, R. E., 2009. How social workers demonstrate respect for elderly clients. Journal of Gerontological Social Work 53: 250-260.

Sung K. T., & Hagiwara, S., 2009. Japanese young adults and elder respect: Exploration of forms and expressions. University of Michigan-Hosei University.

Sung, K. T., & Kim, B. J., 2009. Respect for the elderly: Implications for human service providers. Lanham, MD: University Press of America.

Sung K. T., & Yan, G., 2007. Chinese young adults and elder respect. University of Southern California-Shanghai University.

Tu, W. M., 1995. Humanity as embodied love: Exploring filial piety in a global ethical perspective. (In) Filial Piety in Future Society. Gyonggido, South Korea: The Academy of Korean Studies.

Xie, X, Defrain, J., Meredith, W., & Combs, R., 1996, Family Strengths in the People's Republic of China. Internat'l Journal of Sociology of the Family 26, 17-27.

Yang, O. K.(양옥경), 2011. Changes in the social support system, (In) Advancing social welfare of Korea: Challenges and approaches. Seoul: Jimoondang,

성규탁, 成圭鐸, Kyu-taik Sung ────────────

서울대학교 학사, 석사
University of Michigan, MSW, Ph.D.
University of Wisconsin-Madison 사회사업대학원 교수 역임
연세대 사회복지학과(창립 시) 학과장 역임
University of Chicago Fellow(선경최종현학술원 지원) 역임
한국사회복지학회장, 한국노년학회장 역임
인촌상 심사위원
아산효행상 수상
아산효행상 심사위원
연세대 학술상 수상
〈연세대 은퇴〉
Michigan State University 사회사업대학원 전임교수 역임
University of Southern California 사회사업대학원
            석좌교수(Frances Wu Endowed Chair Professor) 역임
University of Michigan 사회사업대학원 초빙교수 역임
〈귀국〉
리더십 한림원[www.lhgln.com] 효문화연구소 대표
한국사회복지사협회 원로회 위원장
사회복지교육실천포럼 대표
서울중화노인복지관 운영위원장
서울강남시니어클럽(노인일자리마련기관) 운영위원장

저서(국문): 효 관련
새 時代의 孝 (연세대 출판부) (연세대학술상 수상) 1995
새 시대의 효 Ⅰ (문음사) (아산재단 아산효행상 수상) 1996
새 시대의 효 Ⅱ (문음사) (문화공보부 추천도서) 1996
새 시대의 효 Ⅲ (문음사) 1996
현대 한국인의 효 (집문당) (대한민국학술원선정 우수도서) 2005
한국인의 효 Ⅰ (한국학술정보사) 2010
한국인의 효 Ⅱ (한국학술정보사) 2010

한국인의 효 Ⅲ (한국학술정보사) 2010
한국인의 효 Ⅳ (한국학술정보사) 2010
한국인의 효 Ⅴ (한국학술정보사) 2010
어른을 존중하는 중국, 일본, 한국 사람들 (한국학술정보사) 2011
어떻게 섬길까: 동아시아인의 에티켓 (한국학술정보사) 2012
한국인의 서로 돌봄: 사랑과 섬김의 실천 (한국학술정보사) 2013
부모님, 선생님 "고맙습니다"로 시작하는 효 (한국학술정보사) 2013
한국인의 세대 간 서로 돌봄: 전통-변천-복지 (집문당) 2014
한국인의 효에 대한 사회조사 (집문당) 2015
효행에 관한 조사연구 (집문당) 2016
효, 사회복지의 기틀: 퇴계의 가르침 (문음사) 2017
부모님을 위한 돌봄 (한국학술정보사) 2019
한국인의 어른에 대한 올바른 존중 (한국학술정보사) 2019
현대한국인의 노후돌봄 (한국학술정보사) 2020
부모님에 대한 감사 (한국학술정보사) 2021
새 시대 한국인의 효 (한국학술정보사) 2021

저서(국문): 사회복지 관련
사회복지행정론 (법문사) 1988-2903
사회복지행정론(역서) (한국사회개발연구원) 1986
사회복지조직론(역서) (박영사) 1985
사회복지사업관리론(역서) (법문사) 1988
산업복지론 (박영사) 1987
정책평가 (법영사) 1987
사회복지 임상조사방법론 (법문사) 1989
사회복지실천평가론 (법문사) 1990
한국사회복지조직의 성장과 과제: 인간화와 다공화 (한국학술정보사)
2021
사회복지조직의 바람직한 관리: 목표 설정과 관리자 역할
(한국학술정보사)(제작 중) 2022

저서(영문)
Care and respect for the elderly in Korea: Filial piety in modern
times in East Asia [한국의 노인 돌봄 및 존중: 현대 동아시아의 효].
Seoul: Jimoondang, 2005
Respect and care for the elderly: The East Asian way [노인에 대한 존

경: 동아시아의 도리], Lanham, MD: University Press of America, 2007.

Respect for the elderly: Implications for human service providers [노인존중: 사회복지사를 위한 함의 자료]. Lanham, MD: University Press of America. 2009.

Advancing social welfare of Korea: Challenges and approaches [한국의 발전하는 사회복지: 도전과 접근]. Seoul: Jimoondang. 2011.

The Organizational Effectiveness of Family Planning Clinics [가족계획진료소의 조직적 효과성에 관한 연구]. Ann Arbor: The University of Michigan School of Social Work. 1974.

Evolving social welfare of Korea: Issues and approaches [In press]

논문(국내)
사회복지학회지
연세사회복지연구
사회복지
한국정신문화연구원논총
한림과학원 총서
승곡논총
한국노년학
노인복지정책연구총서 등에 발표

논문(외국)
Journal of Social Service Research
Administration in Social Work
International Social Work
Society and Welfare Indicators Research
Journal of Family Issues
Journal of Applied Social Sciences
Journal of Poverty
The Gerontologist
Journal of Aging Studies
International Journal of Aging & Human Development
Journal of Gerontological Social Work
Journal of Elder Abuse & Neglect
Journal of Cross-Cultural Gerontology
Journal of Aging & Social Policy

Educational Gerontology
Ageing International
Journal of Aging and Identity
Journal of Aging and Humanities
Journal of Religious Gerontology
Journal of Gerontology
Australian Journal on Ageing
The Southwest Journal of Aging
Journal of East and West Studies
International Journal of Social Research & Practice
Public Health Reports
Public Health Reviews
Health and Social Work
Studies in Family Planning
Children and Youth Service Review .
Child Care Quarterly
Child Welfare 등에 발표

한국인의 부모와
고령자에 대한 존경

—— 전통과 변화 ——

초판인쇄   2022년 8월 19일
초판발행   2022년 8월 19일

지은이   성규탁
펴낸이   채종준
펴낸곳   한국학술정보㈜
주 소   경기도 파주시 회동길 230(문발동)
전 화   031) 908-3181(대표)
팩 스   031) 908-3189
홈페이지   http://ebook.kstudy.com
E-mail   출판사업부 publish@kstudy.com
등 록   제일산-115호(2000. 6. 19)

ISBN   979-11-6801-543-2 93330